だいわ文庫

40代にしておきたい
17のこと

本田 健

大和書房

はじめに

40代という「新たなる旅立ち」

本書を手に取っていただき、ありがとうございます。これまで、『20代にしておきたい17のこと』（大和書房刊）に始まり、30代、10代向けに本を書いてきました。本書が〝17シリーズ〟の4冊目になります。

おかげさまで、増刷に次ぐ増刷で、累計部数は50万部を超えました。これも読者のみなさんの応援のおかげです。この場を借りて、お礼申し上げます。本当にありがとうございました。

この間、多くの40代の読者の方から、「40代向けの本はまだですか？」というリクエストをたくさんいただきました。

また、『30代にしておきたい17のこと』（大和書房刊）の帯に、「30代で人生の

90%が決まる！」という刺激的なコピーを書いたので、「やっぱり40代には希望がないから本が出ないのですか（泣）？」というメールもいただきました。

いいえ、そんなことはありません!!

40代の可能性は、たしかに20代に比べると狭《せば》まっているかもしれません。しかし、60代の人からは、40代の可能性は無限に見えます。

本人さえ制限的な考え方をしなければ、40代からでも、自由な人生をつくりあげることができます。実際に、そうやって40代から人生を変えた人たちと、私はこれまでたくさん会ってきました。

もう40代。

でも、まだ40代。

あなたさえあきらめなければ、どんなことでもたいていは実現可能です。

この本を書くのが難しかったのは、著者である私がまだ40代の前半ということでした。私自身が、まだ40代のすべてを経験していないので、想像で書くしかないところがあったからです。

でも、そのおかげで、40代をすでに経験した50代、60代、70代の方にいろいろとインタビューさせてもらうことができました。

60代、70代の方とお話ししていると、人生は、本当に人それぞれで、何歳から人生が変わるのかは、その人の個性だと思うようになりました。

すごい成功者でも、20代で天才的な才能を発揮する人は稀《まれ》で、30代、40代になって、だんだん頭角《とうかく》を現してくるというのが、幸せに成功していくパターンのようです。

そんな40代をめぐるリサーチの結果、「40代は、後半の人生のフレッシュ・スタートを切れる10年だ！」という結論を得ました。

40代は、20代にはない経験と、50代にはない若さの両方を兼ね備えています。実際に、企業家が成功しはじめるのは40代からというデータもあります。

20代、30代で準備していたことが、40代で花開くのです。その素敵な40代の可能性を、みなさんとともに探っていきたいと思います。

●40代にしておきたい17のこと●目次

おわりに

1

できること、
できないことを見分ける

1-1

40代でできること、できないこと

10代や20代の頃には、「自分は何でもできる！」という幻想を抱いていた人も多いと思います。不可能はない‼　というパワーで動いていたとき、可能性はどんどん広がりました。

けれども、その幻想が崩れゆく30代を経て、40代ともなると、さすがに「何でもできる！」派の人は少なくなります。

何かをやりたいと思っても、「これは自分にできそう」とか「これは自分にはできないだろうな」ということが最初からわかります。

「会社の中ではうまくやれても、起業して成功するタイプではないよな」とか、「ものづくりは得意でも、リーダーシップには欠ける」とか、「アイデアを考えるのは好きだけど、「行動力がない」とか、だいたい自分のことがわかっているものです。全部がダメだと思わないまでも、この先どれだけ人生が上向くかといえば、あまり変わり映《ば》えしなさそうだと感じている人がほとんどでしょう。

自分の可能性はこれから、飛躍的には広がっていかない——そんなふうに、どこかあきらめてしまっているのではないでしょうか。

かといって、完全に絶望しているかというと、そうでもないのが本音でしょう。なんとかなるという希望がまだ残っているのです。

可能性の扉は、20代ほど広く開いていません。

それは確かだとしても、閉じ切ってしまったかといえば、決してそうでもない。40代は、その意味では理想と現実の狭間《はざま》にいる「微妙な年代」なのです。

できる人は、「まだまだ、どんどんいける」と思っているし、20代、30代にうまくいかなかった人は、すでにマイルドな絶望を感じているという人もいるかもしれません。

40代は、「できないことをできる」と思い、「できることなのに、自分にはできない」と勘違いをする年代かもしれません。

これが50代になると、できないことは絶対無理だということがわかります。できることも、「だいたい、こんなもんかな」と、自分のレベルもわかっています。いまの自分の能力や技術が、「普通」の範疇《はんちゅう》を出ないことは、誰よりも自分がよく知っています。

40代には、いろんな勘違いがあります。自分には、まだまだ、すばらしい未来が待っているかもしれないという幻想を抱いています。

そう思いながら、どこかで「でも、そんなことができるわけがない」「いいことが起きるわけがない」というあきらめもあります。

そんな勘違いが、40代の悲喜劇を生んでいます。お金、恋愛、健康、ビジネスなどの分野で、大きな失敗をするのも、この勘違いが原因です。

40代の自分にできること、できないこと、自分ができそうなこと、やってみたいこと——この見極めは難しいですが、とても大事です。

1-1

得意なことと不得意なことを見直す

あなたの得意なことは何ですか？

不得意なことは何でしょうか？

自分の得意なこと、不得意なことを40代で見直しておくと、これからあとの人生を楽しく生きられるのではないかと思います。

「得意なこと」とは、他の人に比べてあまり努力することなく、うまくできること。「不得意なこと」とは、努力してもなかなかできないことです。

40代になったら、努力してもできないことは、潔《いさぎよ》くばっさりと捨ててしまうのも一つです。いつまでも、不得意なことをして、不幸になっている時間はありません。

どんな人にも向き不向きがあります。得意なことがある一方で、どうしても苦手なこと、うまくいかないことはあるものです。

苦手なことに立ち向かうことは、若いときには経験として無駄にはなりません。けれども40代になったら、苦手なことに取り組むよりも、自分が得意なことをどんどんやって、かたちにしていく、実績として残していくことのほうが大切になってきます。

才能に関しても、30代までは、「これが自分の才能かもしれない」という発見があったと思いますが、40代では、才能がある分野と、ない分野というものがよくわかってくるはずです。才能のない分野をどんなに一生懸命に掘っていっても、徒労《とろう》に終わることのほうが多いでしょう。

自分の得意なことに注目して、それを生かせる新しい分野に進む。あるいは得意そうな分野を狙《ねら》っていくようにしましょう。

1-1

大事なことにフォーカスする

あなたはあと何年、いまのような生活が続けられると思いますか？

別の言い方をすれば、あとどれくらいの時間が残されているでしょうか？

不摂生《ふせっせい》をしている人たちは、人生があと10年で終わるということもあり得ます。普通に生きると、定年までを数えても、あと十数年。日本人の平均寿命からすれば、30年の時間が残っています。

まだ時間は十分にあるといえますが、20代に比べると、たくさんの時間が残されているわけではありません。

いつの間にか人生は後半戦に移っています。

ここからの人生をどうやって生きるのか。

40代は、自分の人生の後半戦の生き方を考えはじめる年代です。


自分にとって何が大事なのか——。

仕事が大事なのであれば、いまからやり切ることです。

家族が大事なのであれば、家族を大事にしてください。

お金が大事なのであれば、お金を増やしていきましょう。

そうした大事なことと向き合って、きちんとやっていく必要があります。

それを意識していないと、日々の忙しさにまぎれて、「自分は本当に何をしたいのか」を考える間もなく、気づいたら50代になっているでしょう。

日常の忙しさに流されずに、自分の人生にとっていちばん大事なことに意識を向けましょう。

1 他人の評価に振り回されない

社会人になって20年もたてば、いまの職場で自分がどの程度評価されているのかも、あなたにはわかっていると思います。

なかには、「もっと評価されてもいい」と感じている人も多いでしょう。

評価されない理由には、次の４つのいずれかが当てはまります。

（1）自分のいる場所が悪い
（2）会社のシステム、上司が悪い
（3）物事のタイミングが悪い
（4）取引先や時代が、自分の扱う商品やサービスをわかっていない

会社員であれば、「適正に評価されていない」という感情は、なにも40代に限ったものではないかもしれません。ほとんどの人が恒常《こうじょう》的に抱えている感情といってもいいほどです。

なかでも40代は、組織の力学や理想と現実とのギャップのせいで、徒労感を感じているかもしれません。

20代、30代のときには自分の能力を過信して、勘違いしながらも、前に進む力がありました。でも、40代になると、目の前の障壁《しょうへき》の高さに絶望して、挑戦する気すら、出なくなっていたりします。

自分に「芽が出ない」という現実に対するイライラと、マイルドな絶望感が、その狭間にいる40代を襲うのです。

そうした感情に流されないことが、40代を新たなフレッシュ・スタートにする扉のカギになります。

「どうせ報われない」――そう思って毎日を過ごしてしまえば、仕事も人間関係もいいかげんになり、うまくいきません。

いまの状況や環境、待遇に不満だとしても、その感情に流されずに、自分のできること、やるべきことを、きちんとこなしていきましょう。

そういう人は必ず、どこかで報《むく》われていきます。

評価されていないことにヘソを曲げて辞めてしまえば、それで終わりです。けれども物語は、あなたが40代で終わるわけではないのです。

たとえば、社長になる人の多くは、40代で不遇《ふぐう》の時期を過ごしています。遠くの営業所に飛ばされたり、格下げされたり、子会社に転出させられたりしています。

そして、もう辞めようかなと思ったときでも、ぐっとこらえて、その場所で全力を尽くし、10年後に奇跡のカムバックを果たしているのです。

2
自分史を書いてみる

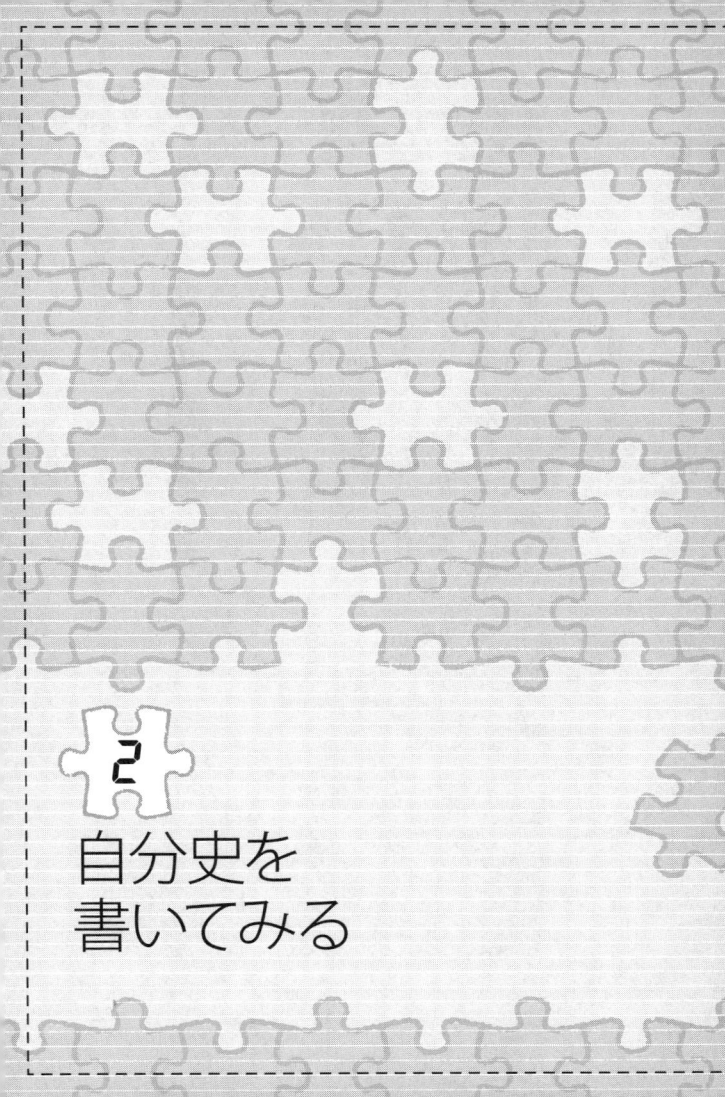

2

これまでの人生に向き合う

40代は人生の後半戦に入るわけですが、このあたりで、半生を振り返ってみると、違った視点で自分を見直すチャンスになります。

生まれたときから子ども時代、青年時代、30代、そして40代の今日に至るまでを思い返して、年表にしてみるのです。

いま、人生の半分が過ぎたことに向き合い、その半生がどんなものだったかを考えてみましょう。人生の半分が過ぎたといわれても、そんな実感がない人がほとんどでしょう。

若い頃は、自分の将来に対しての興味しかありませんし、それは、その世代の特権でもあります。

それから20年走ってきて、あなたの人生はどのようなものになったでしょうか。これまでのところ、思いどおりに進んだでしょうか？ 思ったよりも苦労が多かったでしょうか？

自分が望んできたものは、得られているでしょうか？

そして、それを踏まえたうえで、これから、どう生きたいでしょうか。そこを考えるために、半生を振り返ってほしいのです。


これまでに何をやってきて、どんな人たちと知り合ったり、仕事をしたり、助けてもらってきたのかを思い出すチャンスにもなります。

新人の頃に面倒を見てくれた先輩、仕事の基礎を教えてくれた上司、いつも見守ってくれた両親、兄弟姉妹、友だち、パートナー……いまはもう、鬼籍《きせき》に入ってしまったり、会わなくなった人たちもいるかもしれません。その人たちのことを思い出し、感謝して、人生の後半に踏み出していきましょう。

2

自分とは誰なのか?

人生を上手に生きるうえで大事なのは、「自分が誰か」を知ることです。

なぜなら、「自分が誰か」を理解しなければ、自分以外の人の人生を生きてしまうことになるからです。両親、社会、会社、パートナーが望む生き方を自然とするようになってしまうのです。優しい人に多い生き方ですが、そうなれば当然、どこかしっくりいかず、充実した生き方ができなくなります。

あなたは、いったい誰なのでしょう?

あなたは、どんな人で、どういう才能をもって、何をやるために生まれてきたのでしょう?

いきなり聞かれても、ほとんどの人が戸惑《とまど》うのではないかと思います。

自分の才能は何か？
自分は何をやれば人に評価されるのか？
何をやれば自分は幸せになれるのか？
どういう人と一緒にいると、自分はワクワクして過ごせるのか？

あなたは右の質問にきちんと答えられましたか。あらためて聞かれると、すぐには答えられないという人もいるかもしれません。

若いうちは他人を見て、「自分の位置」を決めていたと思います。

たとえば、友だちが起業したから自分も起業したくなる、あるいは、それはイヤだと思う。「どうせ、あんなふうにはなれないのだから、自分はこれでいい」とか、「ああはなりたくないから、自分はがんばる」というように考えて行動したことが多かったのではないでしょうか。

「こんなことをしたら親が許してくれない」「まわりに反対されるからあきら

めよう」ということもあったかもしれません。

ちょうど、人生で折り返し地点に立った現在、「自分以外の目線」をひとまず外《はず》して、自分の内側に入り込んで、自分は本当に何がしたいのか、何をすることが自分の人生の目的に適《かな》っているのかということを考えてみましょう。

「自分は誰か」を知る道のりは、人生そのものです。このことには、どれだけ時間をかけてもいいほど、重要だと私は思います。

もちろん、瞑想《めいそう》をしていれば、自分が誰かがわかるわけではありません。いろんなことをやっていくうちに、自分に向いていること、ワクワクすることなどがわかってきます。

仕事をしながら、家族と関わりながら、自分は誰かを見出していきましょう。瞑想して、自分が誰かがわかるまで動かないというメンタリティーになると、いつまでたっても自分がわからないだけでなく、人生も止まったままになります。

2

家族、一族、自分の過去を見る

法事などで家族や一族、親戚が集まる機会があると思いますが、そのときの様子を思い浮かべてみてください。

あなたの親戚には、どんな人たちが多いでしょうか。

江戸時代までは武士以外は苗字をもてなかったために、商人などは「屋号《やごう》」を使って商売していました。いまも歌舞伎の世界などで使われていますが、屋号はもともと、家族、一族の系統を示すものとしても用いられていました。

屋号を聞けば、その一族の商売や特色などがわかるのですが、逆に一族が集まれば、「屋号」のようなものを感じることがないでしょうか。

そうして見渡すと、たとえば、「大学教授や学校の先生が多い」であるとか、サラリーマン、医者、アーティスト、商売人ばかりだというように、自分の一族の「家業」といえるようなものが見えてきます。そこから自分のルーツというのも結構わかるものです。

そういう家族、一族の中で、「自分は違う」と思えていたのが、40代になってくると、いつの間にか、その一族に似ている自分に気づくのです。それは自分のイヤな部分に気づくことでもあります。

そして、この家族、一族の影響で、自分はいま、こんなふうになっているのかという因果関係もわかってきます。

40代は、自分の過去を冷静に見つめるチャンスです。

子どもがいる人は、自分がこういうふうなところに育って、こんな影響を受けたということを一緒に見てみましょう。自分の半生を子どもに教えるのも、いい教育になると私は思います。

2

一人の人間の生き方を見る

あなたはこれまで、どんな生き方をしてきましたか。
行動範囲は広かったでしょうか、狭かったでしょうか。
進むスピードは速かったでしょうか、それとも遅かったでしょうか。
どんな人たちと出会ってきましたか。
何人の友だちがいますか。
失敗は多かったでしょうか、それとも少なかったでしょうか。
これまでの人生は楽しかったでしょうか、それともつまらなかったでしょうか。
こうして考えていくと、あなたという一人の人間の生き方が見えてきます。

いままでの生き方をあらためて見ると、「果たして、このままでいいのか？」という疑問が、自然と出てきます。

人にはそれぞれ、生き方があります。

本人がいいと思えるなら、それがいい生き方だと私は思います。

だから、いままでを振り返って、自分の生き方にＯＫを出せる人は、それはすばらしいことです。でも、このままではイヤだとしたら――。

40代は、それを見直すいいチャンスです。


経験しなければわからないことが、たくさんあります。

40年以上生きてきたからわかること、合点《がてん》がいくことがあります。

人生はこれからです。これからを、いまのままの生き方で過ごすのか、それとも、生き方を変えていくのか。あなた次第で、これからの10年、20年が変わっていきます。そして、変わるのは、あなただけではなく、それを見た子どもたちの運命をも左右することになるでしょう。

2

人生の棚卸《たなおろ》しをする

これまでの半生を振り返ることは、今後の人生をどう生きていくのかを決めるきっかけになります。まずは自分自身という人生の棚卸しをしてみましょう。

いままで、どんなふうに生きてきたのか。

何が足りていて、何が足りないのか。

もう自分にいらないものはないか。

再利用できるものはないか。

人生を棚卸しするといっても、そう簡単ではありません。

たいていの人は、病気でもしない限り、振り向く余裕などなかったと思います。

いまでは忘れていることも、案外多いものです。「人生の棚卸しをする」といっても、スーパーマーケットの在庫チェックをするようには、うまくいかないかもしれません。

そこで私がおすすめしたいのが、「自分史を書いてみる」ということです。「自分史なんて、とても書けない」という人もいるでしょう。

たしかに「書く」というのは、実際にやってみると、思っている以上に難しいものです。でも、それゆえに、書くことは、ただ考えるよりもずっと多くの「気づき」や「ひらめき」を与えてくれます。

何から書いていいかわからないという人は、まず、自分はどこで、いつ生まれたのかを書いてみましょう。

そのとき、両親は何歳で、何をしていたか。どんな生活だったか。

それから自分のこと。小学校に上がる前はどんな子どもだったか、覚えていることはないか。

小学生のとき、中学生のとき、高校生、大学生のとき。

社会人になった頃のこと。

恋愛のこと、友だちのこと。

好きなもの、嫌いなもの。

結婚について。

自分の子どもについて。

親のこと。

書いていく順番は、どこからでもかまいません。

パソコンで打っていくのでも、ノートや原稿用紙に書いていくのでもいい。

自分がどういうふうに考えて、そしてどこで何をしてきたのか。そんなふうに自分のこれまでを真剣に見ていくことが、人生の後半戦で大事になってくると思います。

2

平凡な自分を受けとめる

40代になってくると、ときどき自分が平凡な生き方をしていることに、落ち込むことがあります。

たしかに、そこそこ幸せで、これといった不満はそう多くはないかもしれません。でも、だからこそというべきか、心の底では、「もっと違った人生があったんじゃないか」という迷いも出てきます。

『30代にしておきたい17のこと』では、「20代の自分を裏切らない」という項で、「20代の自分が会いにきたら、何と言うかを想像してみてください」ということを書きました。

「こんなはずじゃなかった」——20代のあなたは、40代のあなたに、そう言うのではないでしょうか。そして、それはあなた自身が、誰よりも日常的に感じていることです。

一方で、人生は思うようにいかない。たいていの人が、その一生を平凡な人生で終えるという現実もあります。

その平凡な生き方の中にこそ、幸せがあることも、40代のあなたには、わかりはじめていることだと思います。

平凡な自分、ちっぽけな自分をいったん受け入れてみましょう。

こんなはずじゃなかったという思いにとらわれて、いまある幸せを台無しにしないでください。

あなたのこれまでの人生を否定しないでください。それが、人生の後半をあきらめないで、本来のあなたの人生への一歩につながっていきます。

そして、同時に、あなたは、もう十分自分らしい幸せに満ちた人生を生きていることに気づくことでしょう。

3

60代、70代の
メンターに教えを請《こ》う

ヨコ

先を生きている人から学ぶ

人生に迷ったとき、あなたには相談できる人がいますか？

20代、30代のときには、たとえば親や友だち、上司に、愚痴《ぐち》にも似た相談をもちかけることもできたでしょう。

けれども40代になると、そういう人がどんどんいなくなっていきます。

何でも話せた友人でも、40代くらいになると、それぞれ生き方や環境が変わり、共感できない部分が出てくるからです。

『20代にしておきたい17のこと』『30代にしておきたい17のこと』でも、私はメンターの大切さと、そのつき合い方を書いてきました。

40代でも、もう一度初心に戻って、メンターをもつことです。それも、自分よりもずっと上の、60代、70代のメンターをもつのがいいでしょう。

20〜30年先を生きている彼らの人生に触れ、自分の未来をシミュレーションして、これからどう過ごしていくのか、考えてみましょう。

自分の親の世代で、「こういう生き方をしたいな」という人のところに弟子入りして、教えてもらいましょう。

もう若くはない自分に対する焦《あせ》りもあるでしょう。でも、まだ老いて終わりというわけでもありません。

20代、30代の人からは、もう終わっているように思われていても、60代、70代の人から見たら、「まだまだ、ここからだよ」と思ってもらえるのです。

先輩たちが、40代からどうやって生きたのか、どうやって人生を変えていったのかということを見るのはとても役に立つと思います。

3

自分の可能性を教えてもらう

自分の可能性というのは、なかなか自分では見えてこないものです。

若いときには、自分の目の前にはいくつもの扉があって、それらはいつでも、自分さえその気になれば難なく開いて、そこから新しい道が広がっていくように思えたのではありませんか。

ところが、いまはどうでしょう。

扉はあるかもしれませんが、それはどれも閉ざされているようで、何か新しいことを始めようとしても、「あれはできない」「これはできない」というふうに考えて、躊躇《ちゅうちょ》してしまうのが、40代の特徴だと思います。

可能性の扉は、本当に閉じてしまったのでしょうか。

あるとき、私の70代のメンターに、「もしも40代に戻れたら、どうですか？」ということを聞いたことがあります。

その人はニッコリと笑って、「もしも、そんなことができたら、やりたいことがたくさんあるよ。あの頃は元気だったからね。何でもできそうな気がするなあ」と答えてくれました。

これから、あなたの体力、気力は落ちていきます。老眼になって目も悪くなっていくでしょう。しかし、これからの未来においては、今日がいちばん若いのです。60代、70代の人から見たら、「40代は可能性に満ちあふれていて、何でもできる」のです。

実際に、60代、70代の人たちにお話をうかがうと、40代以降に転職したり、独立したりして、新たな道を進んで成功した人も少なくありません。可能性の扉は、決して閉じてしまっているわけではないのです。

目上の人に、「これから、何でもできる！」と励ましてもらいましょう。

3

メンターになって、若い人に教える

『30代にしておきたい17のこと』で、「メンターに教わったことを、自分が教える立場になりましょう」と書きました。

優秀なメンターをもった人ほど、その人と比べて「いまの自分は全然ダメだ」と感じているので、自分がメンターになるなんてピンとこないかもしれません。

でも、自分がメンターになることで、学べることはいっぱいあります。

「人に教えられることなんて何もない」とあなたは言うかもしれません。

けれども40代にもなれば、「平凡な人生を生きてきた」と言いながら、若い人たちに教えられることは、誰でも、何かしらもっているものです。

メンターになることで、計《はか》り知れないものを受け取れます。

人に教えはじめると、これまで気づかなかっただけで、自分がいろんなものをもっていたと気づけるからです。

また、人に教えることによって、まだ自分ができていないところ、勇気をもって前に進んでいかなければならないところを思い知らされるでしょう。

そして、その現実に打ちのめされるという経験は、メンターになることによってしかできないことです。ぜひ誰かをつかまえて、誰かのメンターになってほしいと思います。

そうすることで、自分がこれから何を伸ばしていったらいいのかということも思い出せます。

若い人に教えながら、その若い人のエネルギーをもらって、まだまだ自分も負けられないと思い、さらに前に進んでいきましょう。

4

先立つ後悔をいましておく

4 死ぬときに後悔する10のこと

40代というのは、30代には見えなかった人生の終わりが、遠くにちらっと見えてくる時期です。

これまでも、頭では、人生にはいつか終わりがくるとわかっていたと思います。でも、実感として、それを感じることはなかったのではないでしょうか。それが、まだ遠くにではありますが、なんとなく感じるのが40代です。

そんな感覚をもったときに大事なのは、将来、自分が死んだときに何を後悔するかを考えておくことです。

やらなかったことを後悔する事柄は、人によってそれぞれでしょう。

ある人は、「新しいビジネスを興《おこ》しておけばよかった」と後悔するかもしれません。「結婚したかった」「子どもを産みたかった」「子どもを育てたかった」という人もいるでしょう。

将来、「〜しておけばよかった」と後悔するに違いないと思うことを、いまのうちにしておくのです。

たとえば、40代になったら、子どもを産むのは難しいということがあるかもしれません。けれどもまだ、不可能ではありません。私の知り合いでも、40歳を過ぎて子どもを産んだ女性がいます。また、産むのが難しくても、養子をもつということも可能でしょう。

50代になったらやるのが難しいことも、40代のいまならまだ間に合うことがたくさんあります。

「死ぬ前にあれだけはやっておきたかったな」ということを想像して、それをやりはじめると、40代以降の人生が楽しくなっていきます。

4

20代にやりたかったことを書き出す

「死ぬときに後悔すること」といっても、あまり思いつかない人は、ひょっとしたら夢を見る力が弱っているのかもしれません。そんなあなたへの質問。

「20代の頃、やりたかったことは何ですか？」

もう一度、自分の20代の頃を考えてみてください。なかなか思い出せないときには、この本のシリーズである『20代にしておきたい17のこと』を読み返してみてください。

そうすると、20代のときに、自分はじつはこういうふうなことを考えていたということが思い出されます。

そして、それを書き出してみてください。

書き出すことで、自分が20代にやろうと思っていたことの一つひとつが、より詳しく具体的に、ありありと思い出されていきます。

ギターやピアノを弾《ひ》けるようになりたい。

オーロラを見たい。

イタリア語を習いたい。

バイクの免許を取りたい。

ホノルルマラソンに出たい。

……夢というほどのことではなくても、「できたらいいな」と思っていたことがあったでしょう。

それを思い出して、もう一度、再チャレンジするのです。

そうすることで、当時のエネルギーが蘇《よみがえ》ってきます。

リストの中から何か一つやってみて、自分の気を動かしてみましょう。

4

ワクワクすることを思い出す

40代というのは、多くの人にとって、人生のガソリンが切れかけてくる時期です。特に犠牲的に仕事をこなしている人は、その傾向が強いでしょう。

20代で働きはじめたとすると、この20年間の無理がたたっていて、心身ともに疲れているかもしれません。

そうした疲れを抱えたまま、人生を楽しく過ごすというのは無理な話です。

何をしても、ワクワクするような感情がわいてこないのは、そのためです。

いまのあなたに必要なのは、これまでの疲れを癒《いや》して、ワクワクするエネルギーを取り戻すことです。

積極的に身体や心を休めたら、後半戦のスタートを切りましょう。

これまでの人生を振り返って、あなたはどんなことにワクワクしましたか。

そのときのことを思い出してみましょう。

40代でワクワクするエネルギーを取り戻せる人と、犠牲的に働いて燃え尽きていってしまう人とでは、人生の後半が大きく違っていきます。

ワクワクすることを思い出して、それをやってみましょう。


子どもの頃に好きだったことを始めるのも、一つの方法です。

絵を描いてみる。

プラモデルを組み立ててみる。

好きだったマンガや小説を読み返してみるのもいいでしょう。

寝るのも惜《お》しかったほど、ワクワクした、あの感覚を思い出してください。

「いまさら歳だし格好悪いな」とか、「もう中年だし……」とは思わないことです。これからの人生を考えたら、あなたは、いまがいちばん若いのです。

多少の気恥ずかしさを乗り越えてトライしてみましょう。

4

できない言い訳と対峙《たいじ》する

20代にしたかったこと、自分がワクワクしたことをやってみようといわれても、「でも、なかなかできません」という声が聞こえてきそうです。

あなたは、なぜ、そのやりたいことができないのでしょうか。ここで、「できない言い訳を書き出す」という作業をやっておきましょう。

何か始めたいと思っても、「お金もないし、才能もないし、時間もないし、エネルギーもない」という人は多いでしょう。

でも、あなたはそれで、本当にいいのでしょうか。大好きなことをやるのに、いくら必要なのでしょうか。うまく考えたら、お金がなくてもできるかもしれません。

何かが足りないからできないと考えると、ずっとできないままになります。将来、70代になったあなたは、「ああ、なんで40代のときにやらなかったんだろう」と後悔することになるかもしれません。

書き出してみた「言い訳リスト」をじっと眺《なが》めてみましょう。実際に、その言い訳の一つひとつは、あなたにとって、もっともなことに違いありません。でも、それを信じてしまったら、あなたの可能性はそこで終わりです。

人生は、やったことがないことをやるから楽しくなるのです。

私は、小学校の作文でしか文章を書いたことがなかったのに、作家になりました。何のアテもないのに、アメリカに家族で移住しました。帰国後は、やったことがないのに、60人収容できる研修センターを買い、運営を始めました。すべて、才能やお金、時間を言い訳にしていたら、できなかったことです。

言い訳リストをじっと見て、このリストの続きを書き連ねていくのか、それとも破り捨てるのか、いま静かに決めてみましょう。

5
健康と時間を資産だと考える

5 人生でもっとも大切なもの

ちょっと前まで当たり前だと思っていた健康と時間が、40代ではだんだんシヨートしていきます。

40代は、いちばん忙しいときだと前にもお話ししました。

職場ではベテランになり、役職もつくようになります。自分の仕事に加えて、後輩や部下の面倒も見ていかなければなりません。

家では、子どもたちが思春期を迎え、幼児の頃とはまた違った心配が出てきます。あれだけ一緒にいたのに、いまでは避けられたりして落ち込むこともあるかもしれません。

また、親の介護に直面する人もいるでしょう。自分の親も、パートナーの親も年老いて、介護までいかなくても、頼る立場から頼られる立場に、親子関係が逆転するのも40代です。

弱ってくるのは親だけではなく、自分自身の体力も落ちていきます。ガンなど、命にかかわる病気にかかることもあります。

実際に病気になった人は、入院して初めて、「健康というのは、ずっとあるわけじゃないんだ……」ということに気づくのです。

ふだんは、あって当たり前、もっていて当たり前のものが、失われて初めて、その価値を知ることがあります。お金、パートナー、仕事もそうですが、特に時間と健康は、その最たるものといっていいでしょう。

人生において、特に40代以降では、時間と健康が私たちの何よりの資産になります。どんなにお金があっても、健康でなければ意味がありません。

逆に健康であれば、お金やその他の資産は、いくらでも、あとでつくることができる可能性があるわけです。

5

健康と時間という資産

生活に追われてしまうと、「お金さえあればなんとかなる」と考えがちです。

実際、お金は私たちの生活を営んでいくうえで、とても役に立つものです。

だからといって、それが人生でもっとも大切なものでもありません。

「あなたの資産は何ですか？」と聞かれたら、お金や土地をイメージする人は多いと思いますが、あなたの見過ごしがちな資産は「健康」と「時間」です。

それをもっているかどうかで、あなたの人生はまったく違うものになります。


お金を増やすのは大変だと考えるかもしれませんが、極端なことをいえば、お金は無駄遣いをやめて、賢《かしこ》く運用すれば、必ず増えていくものです。

では、時間はどうでしょうか。

時間は、お金と違って貯めることができません。毎日、何もしなくても与えられますが、その日のうちに使い切っていかなければなりません。

意識していても、ぼーっとしていても、時間は流れていきます。時間は、上手に使うことしかできない資産なのです。

こういう性質をわかっておかないと、何か慌《あわ》ただしいままになくなってしまうものが、時間なのです。

健康も、なくなって初めて気がつく資産です。

時間も健康も、目に見えないものなので油断しがちですが、人生でもっとも大切なものの2つではないかと私は思います。

その時間と健康というものの大切さを、40代ではしっかり見ておきましょう。

5

健康と時間を負債《ふさい》にしてはいけない

健康と時間という資産をできるだけなくさないようにすることは、人生後半の大きなテーマです。

20代のときにはあまり考えなくてもいいことですが、40代以降は切実です。なぜなら、健康や時間がなくなったら、人生は殺伐《さつばつ》としてしまうからです。

時間がないという人は、睡眠時間を削《けず》って、仕事や家事をしているかもしれません。休息も取らずに無理をすれば、健康に問題が出てくるのは当然のことです。ある日、突然倒れてしまう結果を招くでしょう。

そういう人は、健康と時間を資産ではなく、負債にしてしまっています。

時間は、誰にでも平等に与えられています。

でも、その使い方で、資産にも負債にもなるのです。

ストレスにも深く関係しています。人生の時間がゆったりと流れている人はだから健康にもなれます。

逆に、いつも時間がないという人は、自分でも気づかないほどのストレスを抱えていることが多いようです。気づいたら、病院のベッドにいたということにもなりかねません。いつの間にか、資産であるはずの健康と時間を失っていたのです。

そうならないためには、時間の使い方のバランスをしっかり取るようにしましょう。無理がきかなくなっていることも自覚しましょう。

20代のときには徹夜が続いても何でもなかったのに、いまでは、そんなことをしたらその後1週間は調子が悪いということがあるでしょう。

自分の身体と相談しながら時間を使っていくことが大切なのです。

5

健康と時間に投資する

自分の身体と相談しながら時間を使っていくには、上手に投資する必要があります。

お金を増やすときは、まずお金を貯めることから始めます。

健康と時間は、どうすれば増やすことができるでしょうか。

時間は貯めておくことができないものだと、前にお話ししました。

一人の人間に与えられる時間は1日24時間、がんばった人には28時間与えられるということはありません。

けれどもじつは、うまくやると時間も健康も、お金で買うことができます。

だから、お金はとても大事だといえるのですが、それについては次章でお話ししていきたいと思います。

健康と時間をお金で買うとはどういうことか。

たとえば、健康でいえば、一流のアドバイザーの知恵をもらうことです。一流のクリニックで定期的にアドバイスを受けるには、お金がかかります。住環境、仕事のやり方も含めた健康的な環境を整える、健康的な食生活を送るにも、お金は必要です。

逆にいえば、健康的な生き方はお金で買うことができるというわけです。

時間も同じです。

最近は家事代行サービスの利用や、お掃除ロボットが人気になっていますが、家事をやってくれる人がいれば、そのぶん自分が本当に好きなことに時間を使うことができます。

健康、時間、お金をどう使うのか、よく考えましょう。

6

お金とどうつき合うかを決める

6

お金とのつき合い方は3種類しかない

あなたはいままで、お金とどうつき合ってきましたか。

あなたにとって、お金とはどのような存在でしょうか。

20代、30代のときは、あまりお金について考えていなかった人も、40代になると、自分がどれだけ稼げるのかがわかってきていると思います。

先ほど、「健康と時間は、ある程度お金で買える」というお話をしましたが、お金をどれだけ上手に管理できるかで、後半の人生が明るくなるか、暗くなるかが決まるでしょう。

もしも、40代でお金をうまく扱えていなければ、50代以降の人生はお金のストレスを抱えることになります。なぜなら、お金に振り回されることが多くなるからです。

お金とのつき合い方は次の３種類しかないと私は思っています。

（1）お金の奴隷《どれい》になる

（2）お金の主人になる

（3）お金の友人になる

40代になってもお金をうまく扱えていない人は、「お金の奴隷」になってしまっていることに気づいていません。

「収入が少ない」「欲しいものが買えない」「将来が不安」という不満を抱えたまま、生きていかざるを得ません。そして、お金のために仕事にしがみつき、パートナーや家族にもストレスを感じていることでしょう。

「お金がないこと」自体は、不幸ではありません。でも、お金がないことで、夢をあきらめているとしたら、それは大きな問題です。

一方、お金を稼ぎ、ひたすら増やすことに人生を注《そそ》いできた人は、「お金の主人」になっています。そういう人は、お金を稼ぎ、資産を築くことが得意です。でも、そのために「自分は偉い」と勘違いしがちです。お金さえあれば、何でもできると考えていますが、いくらお金があっても、尊敬や人間的触れ合い、愛情を買うことはできません。

40代以降で実現したいのは、「お金の友人になる」ことです。

お金を稼ぐことも、使うことも、楽しんでできている人は、お金と友人になれます。お金を、自分のやりたいことを応援してくれる親友のように思っていて、自然と、お金との健康的なつき合いができています。

お金と健康的につき合うのに、大金は必要ありません。

お金でできること、できないことを理解し、自分が欲しいものの優先順位を決めておく感性が必要になってきます。

欲しいものには、お金で買えるものもあれば、自分が努力しないと手に入らないものもあるでしょう。そうして、お金とうまくつき合うことができたら、50代、60代も、幸せなお金とのつき合い方ができるようになります。

6

収入と支出、資産と負債について学ぶ

お金と健康的なつき合いができるようになるには、お金の本質――収入と支出、そして、資産と負債について学んでおくことが大切です。

「収入と支出」でいうと、収入の範囲内で生活できるかどうか、また収入を必要に応じて上げることができるかどうかです。それが、お金に振り回されない生き方につながっていきます。

経済が右肩上がりのときには、何もしなくても、自然に収入は上がっていきましたが、いまがそうでないのは、ご存じのとおりです。収入よりも支出が上回っていたら、そのうち生活が破たんするのは目に見えています。

「資産と負債」についても、知っておきましょう。

「資産」とは、あなたにお金をもたらすもの、「負債」はあなたからお金を奪うものということをわかっておく必要があります。

住宅を購入するときにローンを組む人は多いと思いますが、それが必ずしも資産になるとは限りません。ローンの組み方や、購入する物件によっては、それが負債になる可能性もあります。むしろ、いまの日本の状況では、負債になる可能性のほうが高いといえるかもしれません。

ローンや投資などの大事なことを40代で間違えると、老後は厳しくなっていきます。いまの50代の人たちは、バブル崩壊の影響をまともに受けているので、80代の両親から仕送りを受けている人もいるぐらい大変です。

せっかく手に入れた家やマンションを、ローンが払えなくなって手放すという人も少なくありません。

40代で上手に資産をつくって、負債を減らすことができたら、老後はよりストレスがなくなり、自分の楽しいことにフォーカスできるようになります。

6

お金に支配されない生き方

多くの人がお金に支配されて、嫌いなことをやっている現代で、お金に支配されずに自由に生きるにはどうしたらいいでしょうか。

私は『お金と人生の真実』（サンマーク出版刊）で、「お金に振り回されないための３つの生き方」として、次の方法を挙げました。

（１）十分な資産をもち、収入をもつこと
（２）お金と感情的に上手につき合い、質素に暮らす
（３）資本主義から離脱《りだつ》して、自給自足の生活をめざす

「十分な資産をもち、収入をもつこと」は、ある意味で、「それができれば苦

労はしない」というものかもしれません。この生き方を選択するには、お金のこと、ビジネスのこと、人間のことを学ぶ必要があります。自分の経済的資産と人間的資産を見極めて、それをうまく運用していくことです。

「お金と感情的に上手につき合い、質素に暮らす」というのは持ち物、車や家、旅行などに目を奪われるのではなく、身の丈に合った生活を心がけるということです。ワクワクしたりドキドキしたりということがない代わりに、心の平安を得ることができます。いまの右肩下がりの時代には、幸せに生きる知恵ともいえるかもしれません。

「資本主義から離脱して、自給自足の生活をめざす」というのは、現金をほとんど使わずに生活していくことです。大変なこともあるでしょうが、都会では味わえなかった新鮮な食べ物が手に入り、人間的触れ合いを感じられる。これも一つの新しい生き方ではないでしょうか。

3つのどれにも一長一短があるように私は思いますが、その人の人生観や生き方のセンスによって選択するのがいいでしょう。

6

お金の流れを大きくするには？

どれだけ稼げるかはセルフイメージが決めているということを、『お金と人生の真実』で書きました。

年収３００万円の人と、３０００万円の人との違いは、そのセルフイメージに関係があります。

自分にふさわしいのはこれだというものの総合がセルフイメージです。

セルフイメージが「年収３０００万円」の人は、たとえ失敗して、いったんはそれを手放すことになっても、またしばらくすると、その報酬に戻ります。

一方、自分には年収３００万円がふさわしいと思っている人の収入は、何を失敗したというわけでもないのに、アップしていきません。それがセルフイメージだとすれば、アップするわけがないのです。

自分のイメージを変えていかなければ、状況を変えることはできません。

「自分は年収300万円がふさわしい」と思ったことは一度もないと反論したい人もいるでしょう。

けれども、願望とセルフイメージは違います。「年収1000万円の人になりたい」といっても、心の奥底で「どうせ自分には無理だ」と思ってしまったら、その思っていることが、あなたのセルフイメージになります。

お金は、私たちの生活にとても役立つツールです。

人生の後半には、お金を多くもっていたほうが、何かと生きやすいということは否定できません。

稼ぐ力を大きくして、上手に使うこと。それが40代の課題です。

稼ぐ力を大きくするには、セルフイメージを上げて、お金の流れを大きくすることです。自分を過小評価しないでください。

6

複数の収入をもつ

40代で意識したいのは、複数の収入源をもつということです。あなたが会社員でも主婦でも、自営業でも、たいていは、収入源は一つだと思います。

豊かな人は、たいてい複数の収入源をもっています。事業収入、家賃収入、投資からの配当などです。事業でマイナスになったとしても、投資や不動産の収入があると、なんとかそれでカバーできます。

あなたが会社勤めだったとして、いちばん恐《おそ》れることは、いまの収入源を失うことではないでしょうか？

もし、サイドビジネスや不動産などの収入が同じだけあれば、まったく気分が違うかもしれません。いまはそれをやりやすい時代でもあります。

『30代にしておきたい17のこと』では、「保険」をかけておくことの大切さについて触れています。「保険をかける」といっても、生命保険に入っておくということではありません。

これからの時代は大企業に勤めていても、倒産したりリストラされたりということがあり得ます。いまの給料が上がっていく保証もありません。

「先が読めない時代のため、いざというときに、本業とは別に稼げる手段をもつことも必要です」ということを書きました。

40代では、それはもっと切実に、大切なことです。

30代であれば、転職することもまだ可能でしょう。でも40代で、いまの仕事を失うことになったらどうでしょうか。

たとえ失うようなことにならなかったとしても、収入源を複数もつことで、精神的にも経済的にも余裕ができ、お金に振り回されない人生を送ることができるようになります。

7
ノーと言う勇気をもつ

7

何にイエスと言うかで人生は決まる

人生は、何にイエスと言うか、ノーと言うかで決まってきます。
あなたは何に対して、イエスと言っていますか？
また、何に対して、ノーと言っていますか？

自分のやりたいことにイエスと言い、嫌いなことにはノーと言う。これは生まれたての赤ん坊でもやっていることですが、なぜか、大人になるにつれて、それができなくなっていきます。
本当はイヤなことなのに、プレッシャーに負けて、ついイエスと言ってしまう――あなたにも心当たりがありませんか。

イエスとノーをはっきり言えない人は、「人生を変えたい、自分を変えたい」と願っても、変わることができません。

特に、イヤなことに対してノーを言えず、イエスと言ってしまったら、変わるどころか、自分が行きたくないほうへと、どんどん流されていってしまいます。

結婚を決めるとき、就職するとき。好きでもない人（会社）にノーと言えなかったら、どうなるでしょう。ノーと言えないまま、結婚（就職）し、そのまま時間が過ぎていく……。後々これでよかったと思えたら救われますが、「本当はイヤだったのに。別の人（会社）だったら……」という気持ちが捨て切れなかったら、悔いが残るでしょう。

イヤなことにイエスと言ってはいけないのです。どんなに言いにくくても、イヤなことにはノーと言う。そこから、あなたの幸せな人生が始まります。

7

自分を抑え込まない

「イヤなことにはノーと言え」といわれても、何がイエスで、何がノーなのか、考えている暇もないほどに、いろんなことが次々とやってきます。

自分の好きなことを考える余裕などなく、自分のことはすべてあと回しになってしまいがちなのが、40代の実態でしょう。

とりあえず仕事優先、家族優先、子ども優先で毎日が過ぎ去っていく人が多いと思います。

自分でも、「それはそれでしかたがないか……」と思っています。だから、自分が何を好きか、楽しいかなんて、あまり考える暇もないかもしれません。

40代にもなると、多少のイヤなことも、表情ひとつ変えずにやってしまえるテクニックがあります。

嫌いな相手にもニッコリ笑える、怒りを感じても、それを自然に抑える技術を、いつの間にか身につけてしまった人も多いでしょう。

それは一概《いちがい》に、悪いことだとはいえません。

でも、自分を抑え込むことが恒常的になれば、いつか無理が心か身体に出てしまうでしょう。

あるいは、気づいたら一人になって、誰のための人生だったのかと後悔するようになるかもしれません。

たとえ日々の仕事や役割に追われていても、好きなことを忘れないでください。自分がイヤだと思うことを、いいかげんに扱わないことです。

7

ふだんの役割を手放す

忙しい40代から脱出する方法は、ふだん、あなたがはまりがちな役割を見つけて、それを手放すことです。あなたは、いくつの役割をもっていますか？

父親としての役割、母親としての役割。
夫としての役割、妻としての役割。
上司としての役割、部下としての役割。
息子としての役割、娘としての役割。
会社の中の役割、地域社会の一員としての役割。
こうして挙げてみると、びっくりするほど、たくさんありますね。

真面目でいい人ほど、こういった役割にはまりがちです。そういう人は、与えられた役割をできるだけ、よくこなさなければと気負ってしまいます。

その結果、いい親、いい子ども、いい妻、いい夫、いい社員、いい上司、いい部下になりますが、そうあるべきだと思えば思うほど、あなたの時間は奪われていき、あなたらしさが薄れていきます。

知り合いで、いつメールしても、すぐに返信がくる人がいます。夜中の2時でも、朝の7時でも、です。連絡する側としてはありがたいのですが、いったい、いつ眠っているのか心配になります。

メールの返信が遅れても、その人への信頼が深いところで損《そこ》なわれることはありません。

「メールはすぐに返信するべき」というような本を読むと、軽いめまいを覚えます。仕事柄、すぐに答えなければいけない職種もあるでしょうが、そうでなければ、しばらく空白期間をもってもいいのです。

たまには、不義理をしてみましょう。

7

絶対に大切なことは？

人生を忙しいだけで終わらせないためにも、嫌いなこと、イヤなことにはノーと言う勇気をもつことが大切です。

とはいうものの、誰かに対して、ノーと言うのは、それほど簡単ではありません。相手が納得してくれないかもしれないし、場合によっては、がっかりさせたり、怒らせることになるかもしれません。

それでも、自分が納得しないことには、ノーと言わなければなりません。

自分の中で何にイエスと言い、何にノーと言うかは、それが自分にとって本当に必要であるか、そうでないかを見ればわかってきます。

40代では、自分の人生にとって、「これだけは絶対に必要だ」と言えるものを明確にしておきましょう。
必要だと思えるもののためなら、イエスと言ってもいいでしょう。

あなたの人生で、絶対に必要なものは何ですか。
お金でしょうか。家族でしょうか。
仕事でしょうか。趣味の世界だという人もいるでしょう。
それは人それぞれで、正解はありません。
どれも正解だといえるでしょう。
自分にとって必要なものがわかっている人には、迷いがありません。
迷いがなければ、後悔がありません。
後悔のない人生を生きられるとしたら、それはすばらしいことです。

7

「まあ、いいか」を追放する

「水に流す」という言葉がありますが、トラブルや災《わざわ》いが起きても、根にもたずに、そこで手放すということは大事です。これは日本独特の文化で、もともとは川などで穢《けが》れを清めて流してしまうことが語源だそうです。

トラブルを長く抱え込まないというのは、よい習慣だと思います。

何かイヤなことが起きると、人はなかなか気持ちを切り替えることができないものです。それで、さらに考え込んだり、悩んだりして、かえって事態が悪くなるということもあります。

その意味で、「水に流せる」というのは、日本人のいいところだと思うのですが、これがマイナスに働いて、いいことも悪いこともただ流してしまうと、何が大切で、何が大切でないかもわからなくなってしまいます。

「まあ、いいか」という言葉は、自分の本質を殺してしまう言葉です。

この「まあ、いいか」は歳を重ねれば重ねるほど、知らないあいだに使っている場面が多くなっていきます。そうして、曖昧《あいまい》なまま、なんとなく、イヤなことも引き受けてしまうのです。

ふだんから、自分に大切なものとそうでないものを考えておきましょう。それを考えておかないと、「まあ、いいか」でやり過ごしてしまうようになります。でも、そこには「自分」がないことを知っておきましょう。

自分なりのこだわりが薄れていくのは、40代の特徴でもあります。しかし、まわりに流されつづけていたら、自分にとって本当に大事なものも見失ってしまうことになります。

今度、「まあ、いいか」が出てきたときには、「いや、よくない！」と自分にキッパリと言ってみましょう。

8

世界に自分が何を残せるかを考える

8

あなたにとって、仕事の意味は?

いま、あなたはどんな仕事をしているのでしょうか?

毎日ワクワクしていますか?

それとも、イヤイヤそれをやっているのでしょうか?

仕事や家事は、多くの人にとって、1日の大半の時間を使う活動です。あなたが、それをどんな気分でやっているのかで、生活の質はまったく違ったものになってきます。

本当は別にやりたいことがあるのに、なんとなく、いまの仕事をやっているとしたら、「心から充実した人生」を取り逃がしていることになります。

「やりたいことがあっても、とりあえずは生活のために働かなければいけない」という人は多いでしょう。

拙著《せっちょ》『大好きなことをしてお金持ちになる』（フォレスト出版刊）では、「好きなこと」を「仕事」にして成功する生き方を紹介しました。お金持ちには当たり前のことですが、たくさんの人たちから「衝撃を受けた」という感想が寄せられました。それだけ、ワクワクしながら仕事をして生きるというのは、「思ってもみなかった」ことなのでしょう。

仕事は、その関わり方で、あなたの人生を奇跡に満ちたものにすることもできるし、退屈で灰色にすることもできます。

それは、その仕事をあなたがどう選んだか、どうやるかで決まります。

自分が全身全霊を傾けられる仕事をすると、毎日は、ワクワクと面白いことでいっぱいになります。１日が終わって眠りにつくとき、次の日が楽しみでしかたがないほど、毎日が楽しくなります。

8

自分の情熱に正直に生きる

ここで、ライフワークという考え方を紹介したいと思います。

ライフワークとは、その人が生まれた意味に直結するあり方です。

その人にしかできないこと、自然にできること、好きでたまらないこと、人に喜ばれることがライフワークです。

それは、必ずしもパン屋とか、医者とかいう職業をさすのではなく、その人のいちばん深いところにある愛の表現ともいえるものです。

その人なりの楽しさの表現、ワクワクの表明が、たまたま何らかの活動になったというのが、ライフワークです。

たとえば、私の場合でいえば、人前で話すこと、本を書くこと、子どもと遊ぶこと、電車で隣の人と話すことのすべてが、ライフワークになり得るのです。

それをやるのが、その人にとって運命づけられていたこと——それがライフワークです。それは、ビジネス、スポーツ、芸術、教育、料理など、ありとあらゆる分野に及びます。

「これこそが自分のライフワークだ」というものに、早い時期に気づけた人は幸せですが、若いうちは、自分のライフワークが見つからない、わからないという人は少なくありません。

いま60代で活躍している人の中にも、40代で初めて、「自分が本当にやりたかったことはこれだ！」とわかったという人がいます。

それまでにいろんなことをやってきたからこそ、ようやくわかることも人生にはあります。

「いまさら自分のライフワークなんて見つかるはずがない」とあきらめること

はありません。40代は、自分のライフワークを見つけるうえで、すべてがそろってくる時期です。20年の社会人としての経験。また、たくさんの人と触れ合ったことから、自分の適性もだいたいわかってきています。

今回の人生を充実したものにするためにも、自分の情熱に正直になりましょう。あなたが、ずっと心に秘めていたこと、じつはやってみたいこと、それがヒントになります。

いちばんのカギは、「これからの人生を最高のものにしたい! ワクワクすることをやって生きよう」と心に決めることです。

流されるまま生きるのか、最高の人生を生きるのか、最後の選択ポイントは、40代でやってきます。

理論的には、50代からでもライフワークを始められますが、ほとんどの人は、それまでの常識に制限されて終わってしまいます。

気力の充実している40代のうちに、ぜひ決めていただきたいと思います。

8

奉仕する喜びは、幸せの源

幸せにはいろいろなかたちがあると思いますが、誰かに喜ばれる体験は、その一つのかたちでしょう。

ライフワークがもたらす、いちばんの報酬は、人に喜ばれる幸せです。自分のやっていることが、誰かを幸せにしている。考えただけで、楽しくなってきます。残念ながら、日々の生活で、誰かに喜んでもらえるということを実感できる機会は、そう多くありません。

幸せに成功している人は、彼らがワクワクしてやることが、そのまま誰かを幸せにしています。「自分の才能を役立てられて、本当に幸せだな」と思う。これが、ライフワークの醍醐味《だいごみ》です。

自分が生きた証《あかし》を残す

ライフワークのすばらしいところは、あなたが死んだあとも、その影響力が残ることです。

たとえば、あなたが、ガーデニングの会社をやっていて、花や緑のある生活のすばらしさを伝えることをライフワークにしたとしましょう。

何十年か後、その町では、家々の庭には花がいっぱい咲き、マンションのベランダには、色とりどりのお花のプランターが置かれるようになります。

そんな文化をあなたがつくり出したとしたら、あなたが死んだあとも、町全体が花や緑に包まれることになります。

人によっては、それは「音楽」かもしれない。「家族の写真」「料理」「スピリチュアルな気づき」「住みやすい家」という人もいるでしょう。

あなたのライフワークが何であれ、それは、あなたが想像しているよりもはるかに長く、この世界に影響を与えることになります。


そこまで劇的でなくても、あなたがこの世界でやったことは、目に見えないかたちでも、あなたとつき合いがあった人を通じて、残ることになります。

あなたが誰かにしてあげた親切、作るのに関わった製品やサービスは、誰かの生活の役に立ったり、誰かを幸せにしたり、楽しくさせていきます。

それは、あなたがこの地球に生きた証です。そう考えてみると、あなたは、どんなものをこの世界に残していきたいのでしょうか？

「私は単なる主婦だから、残せるものなんてない」と謙遜《けんそん》する人もいるでしょう。でも、あなたは育てたお子さんを、この世界に残すことになります。世界的な発明をしなくても、しっかりそれが影響力として残ることになります。

あなたが、この世界に残すものについて、考えてみてください。

9

自分の
サンクチュアリをもつ

9 一人になれる場所

「サンクチュアリ」は、聖なる場所という意味です。自分が自分に戻れるところといってもいいでしょう。あなたには、これが自分のサンクチュアリだと呼べる場所はありますか?

理想をいえば、山とか海に近い場所にログハウスの一つでももちたいところですが、現実的には、なかなかそういうわけにもいきません。

一人になれるのなら、特別な場所でなくても、どこでもいいのです。

たとえば、それはコーヒーショップでもいいし、海の見える場所でもいい。公園でも、図書館でも、ネットカフェでもかまいません。一人になれる場所をもつというのは、本来の自分を取り戻すのに有効な方法です。

仕事をバリバリやって、家庭があり、子どもがいれば、一人でいられる時間や空間をもつことは難しくなります。会社に行っても、一人になれる場所というのはトイレくらいかもしれません。

あなたが主婦だと、なおさら自分の居場所は家以外にないかもしれません。どんなに家族が大事で、職場での人間関係がうまくいっていたとしても、人には一人になれる時間が必要なのです。

ふだんと違った時間をもつことで、自分を取り戻す余裕ができます。

世の中には、「精神的ホームレス状態」の人が多いと私は思っています。自分を取り戻せる場所がないまま、日々を送っているのです。

何をしてもいい場所、何を話してもいい場所、何も話さなくてもいい場所、誰にもわずらわされない自分のサンクチュアリを探してみてください。

9

自分を客観的に見る習慣

サンクチュアリは、自分を客観的な視点から見直す場所としても使えます。

「いま、自分の人生はどれだけイケているのか」

「やりたいのに、やれていないことがあるなあ」

「今度は、こんなことをやってみようかな」

自分に、もう一人の自分が話すように、「いまの自分」をあらゆる角度から見つめる時間をもちましょう。

どんなに忙しくても、できれば週に1時間ぐらいは、そうした時間をもつと、ずいぶん余裕が出てきます。自分の頭の中のイライラやモヤモヤが、びっくりするくらい消えて、クリアになっていきます。

疲れていると、新しいアイデアもわいてきません。

一人の時間をもつことで心も身体も癒されると、夢や希望もわいてきます。家族にも、優しくなれます。

これは、ビジネスの第一線にいる人だけでなく、子育て真っ最中の主婦の人にも、ぜひやってもらいたいと思います。


余裕があれば、トラブルが起きても、前向きに対処することができるし、自分の中の負の感情と向き合うこともできます。

たとえば、怒りがなかなかおさまらないのは、自分が正しいと信じているからです。ふだんの忙しいペースで生きていると、どうしても防衛本能が働いて、「自分は間違っていない！」と感じがちです。

でも、冷静に見ていくと、自分にも非があったなと認めることができます。

サンクチュアリで、客観的に自分を見られたら、問題の本質も見やすくなるでしょう。

9

騒音をシャットアウトして心の声を聞く

サンクチュアリでやれることは、まだまだたくさんあります。

理想の自分を思い出して、そのイメージを明確化するのも、その一つです。

「自分は、何をやりたかったんだろう」

「これから、最高の人生を生きるとしたら、何をやりたい？」

などを具体的に考えてみましょう。


20代の頃の自分は、将来どうなりたいと思っていたのか。

10代の頃の自分は、どうだったか。

もっと小さい子どもの頃は、どうだったか。

目の前の雑事に追われているうち、知らずしらずに、本来なりたかった自分とは違ってきてしまったかもしれません。サンクチュアリは、そんな自分を軌道修正していく場でもあります。

自分らしさをずっと保てる人は、幸せです。しかし、大半の人は、まわりの思惑《おもわく》に振り回されて、自分が何をやっているのかわからないまま、毎日を過ごしているのではないでしょうか。

「いったい、自分は何をやっているのだろう？」

そんな疑問を感じるときが、人生には何度もやってきます。

迷っているときには、誰の声に耳を傾けたらよいのかさえ、わからなくなってしまいます。そんなときには、耳をふさいで、静かな場所に行くのも一つの方法です。耳をふさげば、自分の心の声が聞こえてきます。

サンクチュアリは、外からの騒音をシャットアウトできる場でもあります。

自分を冷静に見られる場所がサンクチュアリ。そんな場所をぜひ、もってください。

10

家族とつながる最後の10年を大切にする

10

いま何を優先しなければならないか

40代は、自分の父親、母親とお別れする日が近づいている時期でもあります。なかには、もうすでに別れを経験した人もいるでしょう。

まだ両親が元気な人は、自分の両親と過ごせる最後の10年だと思っておきましょう。もちろん、もっと長生きしてくれるかもしれませんが、覚悟をしておいたほうが、関係を大切にできます。

子どもがいる人は、40代の10年は、子どもたちが巣立つまでの最後の10年でもあります。子どもは、14歳にもなると、自分の世界をつくります。30歳前後で子どもが生まれたとすると、ちょうど40代後半には子どもが自立する時期になります。

自分を育ててくれた家族、いま自分がつくっている家族――どちらにしても家族との時間をもてる最後の10年が、この40代という年代に重なっています。

同時に仕事の忙しさもピークを迎えます。親に会いにいきたいと思っても、残業やつき合い、子どもの学校行事に追われて、気がついたら、「今月も電話さえできなかったなあ」ということになりがちです。

子どもとの時間も同様で、たまに早く帰ったら、子どもが「泥棒がきたのか！」と思ってびっくりしたという笑い話もあるほどです。

大切な10年を、後悔のないように過ごしてください。

自分の両親とは、これまでのわだかまりや行き違いに決着をつけるなど、未完了なものを終わらせるようにしましょう。

自分のいまの家族とも、ひょっとしたら、未完了なものがあるかもしれません。いまのうちにそれらをクリアにするということを心がけてください。

10

元気なうちに親戚とも会っておく

両親が老いていくのと同様に、小さい頃に可愛《かわい》がってくれた親戚のおじさん、おばさんも体調が悪くなったりして、会う機会が減っていきます。

親にもなかなか会えないとなれば、親戚のおじさんやおばさんに会うのは、誰かのお葬式のときだけという人も少なくないでしょう。

けれども、ここでもう一度、親戚の人とも人間的なつながりを取り戻しておくというのは、その人の安定感をつくるうえで、とても大事です。

親戚の人だからこそ、話せることもあります。

両親の子どもの頃のことや新婚当時の話、自分が生まれたときのことなど、思わぬエピソードを教えてもらえるかもしれません。

いまの自分よりも若かった頃の両親の話は、聞いたことがあったとしても、以前よりも新鮮で、より深く心に響くのではないかと思います。

40代という自分だからこそ、見えてくるものがあるのです。

一族の思い出話は、みんながそれぞれ、自分の視点のものをもっています。祖父母や曾祖父母のことも、両親から聞いていたのとはまた違う、彼らの一面を知ることにもつながります。

「自分のこんなところは、ひいおじいちゃんの遺伝なのか」というように、自分の才能のルーツに出合えるかもしれません。

そして、それを知ることで、自分に自信がもてるようになります。

自分は決して一人ではないこと、一族の人たちとつながった自分であることに安心でき、それがあなたという人の安定感に結びついていきます。

10

人とのつながりが、幸せをもたらす

人とのつながりを考えたときに、40代は、ぽっかりエアポケットに入ったような感覚を覚えている人が多いかもしれません。

若い頃は目の前のことに忙しくしていても、学生時代からの親しい友人たちもいるし、何かと出会いのチャンスに恵まれます。

けれども40代になると、学生時代の友人とも疎遠《そえん》になり、かといって、新しい友人をつくるほどの時間の余裕もありません。

一方、お正月から年末まで一年にやるべきことが、おおよそわかって、なんとかこなせるようになり、ちょっと余裕も出てきます。

マラソンでいえば、ずっと全速力で走ってきて、自分の体力や呼吸、リズムがつかめるようになり、自分の走りができるようになってきたというところでしょうか。

40代は、感情的には、ちょっとホッとしているところかもしれません。そのときに無性に同窓会に出たくなったり、昔の彼氏や彼女に連絡してみたくなったりという気持ちがわいてきます。

離婚経験のある人は、別れた奥さんや旦那さんと連絡を取ってみたり、よりを戻したい気分に駆《か》られたりすることもあるようです。

自分のルーツが気になったり、過去の人とのつながりを思い出したりします。自分のDNAを残したいと考える人もいます。

人は人とのつながりによってしか幸せになれない――そのことに気づく年代でもあるということかもしれませんが、過去も、そして、いまも誰かと深くつながっているという感覚をもつことは、自分の幸せを深く感じるという意味でとても大切です。

10

家族、友人との思い出を意図的につくる

人生で最後に抱きしめたい思い出というのは、家族や、ごく身近な親友とのあいだのものではないでしょうか。

彼らとの楽しい思い出をつくるのも、40代でしておきたい大切なことです。

「40代で思い出づくりなんて、まだ早い」と感じる人がいるかもしれません。もちろん、これからの人生で、楽しいこと、思い出に残る体験はまだまだたくさんあるでしょう。

ですが、いままでインタビューした60代の人が、もっとも後悔しているのは、「家族との思い出をもっとつくればよかった」というものです。

両親にいつか世界一周の旅行をプレゼントするつもりでいても、ある日突然、どちらかが倒れてしまうこともあり得る年齢になったのです。

思い出のための旅行は、決して豪華なものである必要はありません。極端な話、近所の公園に行って、お弁当を一緒に食べることでもいいのです。みんなで共有した時間や感動が、後々の大切な思い出になります。

晩年、人生を振り返ったとき、結局人生は思い出でできていることがわかります。

ぜひ、楽しい思い出ができるような旅行を計画してみてください。そして、それはできるだけ家族と相談しながら決めていきましょう。

友人とも、どこかふだん行かないところに出かけてみましょう。

「旅行は、出発する日から始まるのではなく、思った瞬間から始まるのだ」と言った人がいましたが、そのとおりです。

一つの目的、それも旅行という楽しい目的を共有するところから、もうすばらしい思い出の一ページが綴《つづ》られていきます。

11

パートナーシップと向き合う

11

幸せの意味を教えてくれる人

アメリカにいた頃、ある大学で、幸せに関する研究をサポートしていました。その研究で面白かったのは、パートナーシップをテーマにした部分です。

人は、経済、仕事、健康の分野よりはるかに、人間関係、男女関係の分野で、幸せや不幸を感じるということがわかりました。

たしかに、お金がなくても、病気でも、誰かを愛し、誰かに愛されていると、不幸になることはないかもしれません。逆に、お金があっても、健康でも、誰にも愛されない、誰も愛していない生活は、無味乾燥《むみかんそう》なものでしょう。

この研究でもっとも興味深いのは、パートナーがいても、その相手と冷戦状態であるような場合には、パートナーのいないシングルの人のほうが幸せ度が高いということでした。

つまり、いちばん幸せな人は、パートナーとの関係がうまくいっている人です。次に幸せなのは、シングルの人。大変なのは、パートナーと喧嘩が絶《た》えない、あるいは冷戦状態の人、というわけです。

あなたの現在のパートナーシップはどうですか？

まず、あなたには、パートナーがいるでしょうか？

パートナーがいる場合は、二人のあいだに愛情が流れているでしょうか？

それとも、冷たい空気が流れているでしょうか？

パートナーは、あなたをハッピーにしてくれる人ではありません。幸せの意味、愛の意味を教えてくれる人なのです。そこをはき違えると、「いまのパートナーと一緒にいてイライラするのは、ソウルメイトではないからだ」という変な幻想にとりつかれてしまいます。

一緒に住んで数年もすると、当初のロマンスは冷めて、もともとあなたの内側にあった痛みをパートナーが思い出させてくれるようになります。

その意味では、子育てもまったく同じです。子どもを育てることで、親のことが理解できるようになり、自分のこともわかってきます。

パートナーや子どもは、あなたを幸せにしてくれるはずだと思ったら、そこには失望、怒り、恨みしか生まれません。

パートナーや子どもは、愛について深く考えたり、愛を自分から与えることについてのレッスンを、あなたに与えてくれる人たちです。

愛するパートナーに出会ったり、子どもが生まれたりして初めて、「人に心から与えること」の学びが始まります。自分がもっているものはすべて愛する人にあげたい！　という感情は、多くの人が経験したことがあるでしょう。

しかし、なかなかその気持ちは長続きすることはありません。しばらくたつと、私たちは相手に多くを求めはじめるようになってしまいます。

そして、愛に関して学ぶチャンスを生かさずに、見逃し三振をしているカップル、家族がほとんどなのが現状です。

11

パートナーの人生、自分の人生

パートナーが現在いない人は、その状態に満足しているかどうか、自分に聞いてみてください。もし、満足していないなら、それに対して、どうしたいと望んでいますか。

ごく私的な調査の結果ですが、60代以上の人に聞いてまわったところ、40代以降、パートナーシップに関する動きがあるとすれば、別れることはあっても、新しくスタートすることは少ないようです。40代以降のパートナーシップは、現状維持か、別れる方向への片道切符なのです。

もちろん、これまでに恋多き女性、男性は、離婚したとしても、新しいパートナーを見つけることは難しくないかもしれません。

しかし、40代までにパートナーがいない人は、よほど自分のライフスタイルや生き方を変えないと、今後パートナーを見つけるのは難しいでしょう。なぜなら、そういうシングルの人のライフスタイルには、新しいパートナーが入ってくる隙《すき》がないからです。

もう何十年も一人でいることに慣れてしまっている人は、自分の生活圏に他人が入ってくると、調子が狂ってしまいます。よほどの相手でなければ、受け入れたいと思わないし、ここまで待ったのだからと、相手を見る目だけは、20代よりずっと肥《こ》えています。

結果的に、パートナー候補の人と出会っても、そこから、パートナーとしてのおつき合いに発展することはほとんどないとなってしまうのです。

パートナーは、最初のロマンス期をのぞいて、あなたのいちばん見たくないところ、深いところにある傷をあなたに思い出させます。

「そういうところ、あなたのお父さんにそっくり」

「お母さんと同じようなことを言うなよ」

「なんで、こんなこともしてくれないわけ？」

夫婦喧嘩でありがちな台詞《せりふ》ですが、それこそ、自分でわかっていても、見ないようにしてきたことです。誰よりも身近なパートナーだからこそ、あなたのイヤな部分を見て、それを指摘してくれているのです。

また誰かと一緒に生きるということは、相手の人生をともに背負い込むことでもあります。それに対して、自分で思ってもみなかったような犠牲感、憎しみ、怒りなどの感情を抱くこともあります。

シングルでいる人は、パートナーをもつと、自分のいちばんダークなところを見せられる可能性があるので、最初から近寄らないようにしているのです。寂しいのはイヤだけど、傷つけられるのもイヤなので、パートナーをもつのはとりあえずやめておこうというのが、本音のところではないでしょうか。

老後は一人になりたくないと強く思うなら、自分を大きく改造するつもりで、パートナーシップの世界に飛び込んでみましょう。

11

愛情の種類の違いを知る

ここで40代の恋愛、パートナーシップについても触れておこうと思います。

40代になったら、もう恋愛なんか興味なくなるんじゃないかと、20代のときには思っていた人が多いのではないでしょうか。

でも現実に、自分がその年齢になってみると、そんなことはないことに気づきます。実際、シングルでいる人は、いまこそ恋をしたいと思っているかもしれません。

20代、30代の頃は、相手のことを考えただけでドキドキするような恋愛をしたいと思っていたのではありませんか。

いまはどうでしょうか。もちろん、恋をしてドキドキしたいという願望は、まだ残っているでしょう。

同時に、それだけが愛でないことも、いろんな人生経験を経たあなたなら、わかっているはずです。

40代からは、たとえば、肉親に抱くような、ゆったりとした愛情もあるのです。ドキドキする期間が終わったところから、どうつき合っていくか。そこから本当のパートナーシップのすばらしさが出てくるのです。

いつまでもドキドキするだけの恋愛を求めていたら、静かに温かく育っていく愛というものを知らないまま、盛りのついた猫のような生活になってしまいます。ちょっとイライラしたり、嫌われただけで、「次の相手にしよう！」と思ってしまうなら、ダンスの相手とあまり変わらないかもしれません。

自分の中にある、肉親に対する情のような愛も大切にしてみましょう。そういう愛情がもてる人は、60代で熟年離婚の憂《う》き目《め》にあうことはないでしょう。

あなたの毎日の生活の中で、愛を育んでいってください。

11

パートナーとの関係を見直す

誤解を恐れずにいえば、40代はパートナーチェンジのタイミングです。

多くの人が、20代から30代の初めになんとなく出会った人と結婚し、そして、それから20年近い時間が過ぎました。これまで二人が人生で体験したことは、その都度《つど》、よほど意識して、互いに分かち合って生きてこない限り、相手には理解できません。二人の価値観、生き方、方向性がずれるのは当たり前なのです。

結婚して十数年、子どももできて、喧嘩をしながらでも一緒に生きてきた。同じところをめざして、助け合いながら、同じ人生を歩いてきたはずですが、気がついたら、向いている方向が変わってしまったということがよくあります。

そうなったときに、結婚生活を続けるのはよいことでしょうか。お互いのステップアップのために、離婚という選択もあります。人生のちょうど折り返し地点に立ったいま、パートナーのいない人は、パートナーをもちたいかどうかを考えましょう。そして、パートナーのいる人は、このままの状態でいいのだろうか、静かに見てみましょう。

結婚しなければ幸せになれないということもありません。あなたは、パートナーが本当に欲しいのでしょうか。そうだとしたら、どのようなパートナーが欲しいのでしょう。それをいまのタイミングで、真剣に考えてください。

結婚していてもいなくても、いまの状態を続けていって楽しいでしょうか。ドキドキするような恋を経ずに、結婚して子どもを育てている人は、迷っているかもしれません。このまま恋を知らずして終わっていいのか？

いまのパートナーと、これからドキドキする恋愛をしてもいいし、別のパートナーと歩くことを選択してもいい。どちらも、いまなら選べます。

11

友人との時間を大切にする

パートナーシップと並んで大切なのは、友人との関係です。パートナーがいなくても、すばらしい友人がたくさんいたら人生は楽しいものになります。

20代や30代の頃に比べて、40代で減ってしまうものといえば、友人に会う時間ではないでしょうか。仕事がのってくると、つい仕事の関係者との時間を優先してしまいがちです。けれども、ここでもう一度、友人とのつながりを深めておきましょう。いつでも会える、つながっていると思える友人がいると、あなたは、孤独から解放されます。

20代のときには何度も一緒に旅行したような友人でも、30代を過ぎるとだんだんと遠い存在になり、年賀状のやりとりだけになっていきます。

結婚したり、子どもができたり、転職したり、昇格したりして、お互いの生き方が変わっていくということもあるでしょう。

友人との時間を大切にするというのは、20代の頃の友情を復活させるということではありません。

人間関係が、仕事だけのものにならないように、意識することが大切なのです。仕事で知り合っても、仕事を超えて深められる友情もあります。

いったん離れても、いまだからまたつき合えるという人もいます。そうした人たちとの時間を多くもつようにしましょう。

ひさしぶりに同窓会に出るというのも面白いと思います。私も、先日25年ぶりに、中学高校時代の同窓会に参加しましたが、当時のニックネームが引き金となって、いろんなことを思い出しました。楽しかった記憶が次から次へと出てきて、その日は、とても楽しい時間を過ごしました。

さあ、いまふと顔が浮かんだ友人に、メールか電話をしてみましょう。

12
新しいことに挑戦する

12

仕事以外で楽しめることを探す

ふだんの仕事以外で楽しめることをもっておくと、これから後半の人生が楽しくなっていきます。

たとえば、趣味は、それがどんなことでも楽しいものです。何の得にもならなくても、本人が楽しければ、それでいいわけです。

あなたはどれだけ、楽しいことをやっていますか？

かつてのあなたは、それを毎日していたのです。幼稚園児くらいの子どもは自分の好きなことしかしません。彼らの行動基準は、「自分が楽しいかどうか」です。

楽しいことを中心に生活していっていいのです。このことを長いあいだ、忘れていたのではありませんか。

仕事をもっている40代にとって、仕事は刺激や喜びをもたらしてくれるものです。仕事ができる人であればあるほど、その感覚は強いでしょう。

「仕事以上に楽しいことはない」――そんなふうに思っている人もいるかもしれません。けれども、それはちょっと意地悪な言い方をすれば、「仕事しかすることがない」と言い換えることもできそうです。

趣味はいらないというかもしれませんが、ふだんの能率とはかけ離れた世界にいくことで、まったく違ったヒントも見えてきます。

また、仕事しかやってこなかった人の定年退職後の姿は寂しいものです。とっくに辞めた会社の名刺をボロボロになるまで持ち歩いたり、もといた会社に日参《にっさん》したり、という人は決して少なくありません。

仕事だけに偏《かたよ》らないためにも、仕事以外にも楽しいことをいまのうちに見つけておきましょう。

12

まったく経験がないことにワクワクする

何か新しいことをやってみようといわれても、何をやっていいかわからないという人もいるでしょう。そういう人は、これまで、まったく経験のないことに挑戦してみるのもいいかもしれません。

たとえば、雪が降らない地域に生まれて、スキーをしたことがないという人はスキーをしてみるとか、学校で教わったことのない中国語やイタリア語を習ってみるとか、囲碁や将棋を習ってみるのも面白いかもしれません。

マラソンや山登り、茶道や華道……など挙げればいろいろありますね。私は外国語を学んで、しばらくしたらその国に行ってみるというのをやりましたが、結構おすすめです。

そうしたことを習える場所はいくらでもあります。知り合いに、その道のプロがいれば、その人のところで教えてもらうのもいいでしょう。

40代になると、ゼロから人に何かを教えてもらう機会はあまりなくなりますが、学校やカルチャースクールは、新しく学べることでいっぱいです。

新しいことを体験するというのは、気持ちがワクワクするのに加えて、新しい友人や仲間が増えることにもつながります。

それをしなかったら絶対に会うことはなかったような人に会えるのも、趣味をもつ楽しみの一つです。

無理のない程度で、まったくやったことのないことに、ぜひ挑戦してみてください。

40代のうちに趣味をすすめるのは、人生は楽しむためにあるということを思い出してもらうためです。日常の忙しさに埋没《まいぼつ》すると、何のための人生か忘れてしまいます。

12

趣味を仕事にする可能性も考えてみる

世界でいちばん幸せな人は、自分の大好きなことを毎日やっている人です。そういう意味で、趣味を仕事にしている人は、すごくハッピーです。

たいていの人は、趣味は趣味、仕事は仕事として、最初から分けてしまいます。「仕事じゃないから、趣味は楽しいんだ」という人もいるでしょう。

でも、好きなことには、一生懸命になれます。アイデアもわいてくるし、努力もいとわない。それを仕事にしたら、成功する確率ははるかに高いのです。

趣味で蕎麦《そば》打ちを始めて、水にこだわるあまり、誰も来ないような山奥でお店を出す人がいます。「誰が来るんだろう」と思えるような場所でも、おいしい蕎麦を食べさせてくれる店として、口コミが広がって繁盛している。そんな話を聞いたことがありませんか。

もちろん、そうやって成功できる人はごく一部かもしれません。でも、可能性がゼロではないのです。

自分の趣味はどのレベルか、どんな人たちに喜んでもらえるのかを考えてみましょう。自分が、それによって何をしたいのかということも大切です。

昔は自分の店をもつというのは大変リスキーなことでした。いまはネットショップを開いたりということであれば、他の仕事をしながらでも、実現できます。

最初から本業にしようとするのではなく、趣味を副業にして、それがうまくいけば、仕事にできる可能性も高くなります。

実際に、会社員でも、個人の名刺をもっている人たちもたくさんいます。それが発展していくこともあります。

自分の大好きなことを仕事にできる可能性も考えてみましょう。

13

現在の人生の中にある祝福を数える

13

あなたの人生にあるすばらしいもの

あなたの人生には、いま考えている以上にすばらしいものがたくさんあります。自分にとっては当たり前にあると感じているものなので、そのことに気がつかないのです。

たとえば健康は、その一つでしょう。

健康というのは、なくなって初めて、その存在に気づく資産です。いま、もしも身体のどこにも痛みがないとしたら、それはとても幸せなことです。

病気がちな人なら、痛みがないことに対して感謝するでしょうが、健康な人たちは、痛みがないことに気づきもしないのです。

だから、わざわざ、自分の手帳に「健康が欲しい」とは書かないわけです。

あなたの人生にあるすばらしいもの——なんて自分はラッキーなんだということに気がつけること。それが人生を、いまの何倍にも心豊かなものにしてくれます。

世界的に見れば、家もない生活をしている人たちがほとんどだという地域もあります。

それを考えたら、自分の家がある、雨漏《あまも》りもしない、寒くて凍《こご》えることもない、餓死《がし》するような栄養状態でもない、たとえ病気になっても医療も受けられるというのは、夢のような生活です。

「もっとお金があったらいいのに」「もっといい場所に住めたらいいのに」「もっとやりがいのある仕事につけたらいいのに」など、不満や願望はあるでしょう。けれども、じつは自分は本当に幸せな環境にいるんだということを、まず自覚しておきましょう。

13 幸せは、ふとしたときに気づくもの

あなたの人生にあるすばらしいものは、先ほど挙げたことだけではありません。あなたがふだん気がついていない幸せが、他にもあります。

「自分を大事に思ってくれる人がいる」

「愛する人と一緒にいる」

「仕事で一緒にいる人たちがすばらしい人たちだ」

こうしたことも、その状況がなくなって初めて気づく幸せです。

転職したことによって、前の会社のいいところがわかることがあります。

「気が合わない人もいたけれど、みんな明るくて、楽しい人ばかりだった」

「忙しいことが不満だったけれど、とても充実していた」

「あのときは叱られてばかりいたけれど、それがいまになって役立っている」

同じような思いを、あなたも感じたことがありませんか。

人間というのは愚《おろ》かなもので、何かを失って初めて、その価値がわかることがよくあります。このことを理解するのに、みすみす大切なものを失うことはないのです。


あなたが、見過ごしがちな幸せを探してみましょう。20代、30代のときは、コンプレックスや競争心が強すぎて見えなかったものも、いまなら見えるはず。日常の忙しさにまぎれて、見落としていたものはありませんか？

あなたの家族、友人、仕事、住まい、持ち物などの分野で、あなたがつい感謝を忘れていることは何でしょうか？「もっと、もっと」に目がいって、手元にあるものを味わっていないかもしれません。

幸せに関して面白いのは、「幸せになりたい！」という人は、幸せを逃すことです。幸せは、ふとしたとき、すでに手の中にあったと気づくものです。

13

いまの人生の問題の先にあるギフトは？

たくさんの幸せがあるといっても、その一方で、問題があることも現実です。

あなたが密かに悩んでいることは何でしょうか。ここで、いまの人生の問題を書き出してみましょう。

たとえば、それは、「お金が十分にない」とか、「人生の方向性が見えない」とか、「パートナーが見つからない」ということかもしれません。

そうした問題の前で立ちすくんで、どうにもならずに心細い思いをしている人も多いでしょう。

けれども、こうした人生の問題の先には、たくさんギフトがあるのです。

たとえばリストラされたら、目の前が真っ暗になるかもしれませんが、見方を変えれば、どんな仕事でも選べる自由を手に入れたと考えられます。

リストラがきっかけとなって家族と深くつながったり、知り合いに助けてもらったりというい い点もあるわけです。

病気になったとしても、それのおかげで、残りの人生は、「健康的に生きる」という生活にシフトしていけるかもしれません。

以前、『ピンチをチャンスに変える51の質問』（大和書房刊）という本を書きましたが、ピンチは、あなたを困らせようと思ってやってくるのではありません。

いまある問題は、自分をもっと幸せにしてくれるためのもの。そう思えたら、いまのつらい状況に感謝できるようになります。

いま抱えている人生の問題が、本当は「問題」ではなく、すばらしい「チャンス」であることに気がつくでしょう。

13

感謝が、次の幸せを呼ぶ

感謝する習慣が身につくと、どんどんその幸せが連鎖《れんさ》します。

ここまで読んでくださったあなたなら、自分には、感謝できることがたくさんあることに気づいたでしょう。

「いまの自分がいかに恵まれているか」

その幸せをかみしめ、感謝の気持ちを忘れないでください。

一緒に仕事している仲間、あるいは友人、家族、いろいろな知り合い――自分のまわりの人たち、自分を支えてくれている人たちに感謝しはじめると、その感謝が自分のところに戻ってきます。

自分が感謝の気持ちを表に出せば出すほど、感謝が返ってくる。つまり、「幸せの循環」というものが、「あなた発」でできるようになります。

リストラされたり、離婚したり、病気になったりというときには、「自分の人生は恵まれていない」と考えがちです。まわりの人にも、かわいそうだと思われているに違いないと、ふさぎ込んでしまうかもしれません。

けれども、他の人にとってどう見えるかは問題ではありません。自分がその状況に対して感謝することができたら、そこから状況はよいほうに変わっていくはずです。

あなたは、あなたでいる限り、幸せになれます。

いまの自分にある祝福を、しっかり受けとめてください。

そうすれば、感謝することもそんなに難しくはないでしょう。

あなたから、幸せの循環をスタートしていってください。

14
手が届く夢をかなえる

14

あなたがずっとやりたかったことは？

40代の人生は、まだまだこれからです。

そうはいっても、現実的には「時間もない」「才能もない」「お金もない」――そんな自分に何ができるんだと思っている人は多いでしょう。

そこで、この章では、実際に実現できそうな夢を思い出していただきたいと思います。


まずは、あなたの10年前、20年前の夢リストを作ってみましょう。

なかなか思い出せないという人は、昔の日記や手帳をひっぱり出してみるのもいいかもしれません。

当時の友人と会って、自分がどんなだったかを聞いてみるのもいいでしょう。自分でも忘れているような話が出てくるかもしれません。

【10年前の夢リスト】

□

□

□

□

【20年前の夢リスト】

□

□

□

□

14

実現可能な夢を書き出す

自分の中のワクワクを再発見できると、実際に行動に移してみたくなるものです。それはすばらしいことですが、そのときに注意することは、「実現可能な夢から始める」ということです。

たとえば、それは、「500グラム痩《や》せる」「ブログを始める」「Twitter を始める」という、ごく簡単なことでいいのです。

それほど苦労することなく、簡単に達成感を感じると、次が楽しみになってきます。

夢をかなえようと思うとき、ほとんどの人たちは大きな夢を見がちです。それだと、当然すぐに実現できないので、結局、何歩か進んだだけで挫折してしまいます。

せっかく「夢を生きよう」と思ったのに、その気持ちがしぼんでしまいます。いつの間にかワクワクも消えて、シンデレラの魔法が解《と》けたように、もとの退屈な日常へと戻るしかなくなるのです。

そうならないようにするためには、まずは、確実にできそうなところから始めてみましょう。時間もお金もかからない、特別な才能も必要としないことをやってみるのです。

やるだけで、自分の気持ちがちょっとウキウキしてくるようなこと。それをやれば、次のワクワクすることが見えてきます。それを次々にやっていくうちに、あなたの毎日は、ちょっとずつ楽しくなってきます。

そうなると、弾《はず》みがつくので、前よりももっとポジティブに物事を考えられるようになります。

14

とにかく一つ夢をかなえてみる

「夢はかなえられないから夢なんだ」という人がときどきいますが、そんなことはありません。夢は、自分が本気になりさえすれば、必ずかなえられる。私はそう考えています。

『幸せな宝地図であなたの夢がかなう』（ゴマブックス刊）の著者で、私の長年の親友の望月俊孝さんの言葉を借りれば、「夢は、かなうからその人の心に宿る」のです。

一つの夢をかなえると、「夢は実現できるんだ」と、自分自身に許可が下ります。そこからは、また一つ、また一つと、夢がかなっていくでしょう。

夢を実現するスケールが大きくなってくると、そのうちにびっくりするようなことも、実現できるようになります。

私は、絶えず夢リストを更新しています。そして、自分がやりたいことを宝地図に貼って、定期的にそれがうまく実現しているかチェックしています。

最近うまくいったものだと、1500人規模の講演会を毎月やること、著作シリーズが400万部突破すること、八ヶ岳に宿泊施設、ホールがある研修センターを手に入れるなどの夢を実現させてきました。10年前には、想像すらできなかったことでした。

一つの夢を追いかけていくと、信じられないようなことが実現します。私の最初の夢は、10ページのエッセイを書くことからスタートしました。

それが、1冊の本になり、30人の講演会になり、という具合に、次の夢が出てきました。気がついたら、想像以上のすごいことが実現していったのです。

あなたの夢がどんなものかはわかりません。

それは、きっと実現します。私は、そう信じています。

15

絶対に
あきらめない

15

夢を生きる人、あきらめる人

40代になってきて、これからは、
（1）希望と夢をもって生きる人生
（2）退屈を感じながら生きる人生
（3）絶望とともに生きる人生
の3種類に分かれていきます。

その3種類の生き方はどう違うのでしょうか。

「希望と夢をもって生きる人」は、自分の夢はいずれ実現すると思っています。彼らは、自分がやることは、きっとうまくいくだろうと考えています。

「退屈を感じながら生きる人」は、安全な領域から出ようとしない人です。

「絶望とともに生きる人」は、過去のいろんな体験のせいで、どうせこれからもうまくいかないだろうと考えています。また、世の中に対して悲観的にとらえがちです。

「絶望とともに生きる人」というのは、そこにはまりたくてはまったわけではなくて、気がついたらそうなっていたのだと思います。誰も好きこのんで、うつ病になったりはしません。一生懸命生きていたのに、真面目さがたたって、気がついたら、自分の心が暗い雲に覆《おお》われてしまったりするのです。

そういう人は、自分の心がなぜ疲れてしまったのか、原因を探っていく必要があります。そして、自分を癒したあとに、新しい方向性を見つけてくださ い。

いずれにしても、40代は、この3つの中から、もう一度、本当に自分が望むコースを選択するタイミングです。

この3種類の生き方から、あなたはどれを選ぶのでしょうか。

15

夢をあきらめた人のサンプルを見ておく

あなたのまわりには、どういう50代、60代がいますか?

いまでも、自分の夢をあきらめずに、追いかけている人もいれば、もう生きる屍《しかばね》のようになってしまった人もいるでしょう。

あなたのまわりにいる夢をあきらめてしまった人は、どんな感じで生きているのでしょうか?

また、夢を実現しつつある人は、どんな感じでしょうか?

本当は好きじゃないけど、会社にいて、とりあえずお給料をもらっておこうという上司を見てみましょう。そして、彼らのようになりたくないのであれば、あなたはどう生きますか。

40代は、夢を忘れてしまいがちな10年です。自分の子どものこと、家庭のこと、仕事のこと、経済状況、そして、親や周囲のことで、やることがいっぱいです。

夢どころか、とにかく目の前の雑事がありすぎて、5分と自分の時間を取れないという人もいるでしょう。

40代を失われた10年にするのか、いままでの人生の中で最高の10年にするのか、あなた次第です。

夢をあきらめてしまったら、あなたにいったい何が残るのでしょうか。

人生には、2種類しか進む方向がありません。生きるか死ぬかの2つです。ゆっくりと死ぬほうに向かっているのか、それとも、命を燃やしていくのか、この2つに大きく方向は分かれています。

あなたのお子さんや、まわりの人は、あなたの生き方を見ています。あなたは、どんな人生を見せたいですか？

15

自分の可能性と未来を信じる

パナソニックの創業者、松下幸之助さんは、「成功の秘訣は何ですか?」と聞かれ、「成功するまでやめないこと」と答えたそうです。

イギリスのチャーチル元首相も、大学で講演を頼まれ、「ネバーネバーネバーネバーネバーネバーギブアップ!」とだけ叫んで、演壇から降りたそうです。

その講演を聞いた人は、一生忘れなかったでしょう。チャーチルがどれだけすばらしい講演をするよりも、「絶対絶対絶対絶対絶対絶対あきらめるな!」とだけ叫んだほうが、多くの人の記憶に残ったと思います。

私もメンターに、「一つだけ忘れてはならないことは?」と聞いたときに、「一度心を決めたら、絶対にあきらめるな!」と言われました。

心がしっかり定まっていたら、たいていのことは突破できるということを教えたかったのでしょう。

人生で大事なのは、才能でもなく、人脈でもありません。「決して、あきらめない」という能力なのです。

いままで、すばらしいメンターに、たくさんの宝物のような言葉をもらってきました。その中でも、いちばん大切にしているのは、「君は必ず失敗する！」という言葉です。最初に聞いたときは、呪いの言葉か冗談だと思いました。でも、よく考えたら、人生で挑戦すればするほど、本当に失敗するのです。要は、そこから、どう立ち直って、また夢に向かって進むかです。

「決して、あきらめない」――これは、一生大切にしたいと思います。

一言で「あきらめない」といっても、考えていくと奥が深いのです。それは自分の可能性をあきらめないということであり、同時に、他の人たちの可能性、すばらしい未来を信じるということにもつながります。

16

正しいことよりも
楽しいことを選択する

16

日常的に楽しいことは？

人生には、いろんな生き方があります。

「人生は修行だ」ととらえる人は、そのために、次から次へと試練を引き寄せます。「人生は苦しみの連続だ」と思うと、本当に苦しみの連続になってしまいます。起きたことが同じでも、目の前にある出来事に喜びを見出せる人は、どんなときも幸せになることができます。

私たちは、自分に起きることを「正しい」「間違い」のどちらかに振り分けます。「幸せ、不幸せ」、「いいこと、悪いこと」などの二元論で考えがちです。

けれども、幸せだと思ったら、その後ろには不幸があり、不幸だと思ったら、その向こうには、幸せがあったりするのです。

幸せな生き方には、2種類のものが必要です。それは、日常のささいなことに幸せを見出すセンスと、ワクワクすることを推《お》し進めていく情熱です。この内面、外面のエネルギーを使って、人生を楽しめるかどうかです。

億万長者にならなくても、とにかく今晩寝る場所があって、食事ができて、好きな趣味に費やす時間がちょっとでもあるのなら、十分に幸せかもしれません。その幸せをかみしめるセンスをもっている人は、心が満たされます。

でも、同時に、「もっと楽しいことはないかな？」と考えて、エネルギッシュに動いてもいいのです。現状に満足するタイプの人は、なんとなく引きこもりがちです。また、どんどん外に出ていくタイプの人は、現状を楽しんだり、感謝したりということを忘れがちです。

いまの状況に感謝しつつ、果敢《かかん》にチャレンジしていけると、人生は、何倍もワクワクに包まれた楽しいものになります。

16

苦しい状況でも楽しむことはできる

幸せに生きるには、どんな状況下でも、楽しめるセンスが必要です。

いま、あなたは苦しい状況にいるかもしれませんが、その中でも楽しむ自由はあります。

ある状況で被害者になってしまうと、そこから抜け出すことはできなくなります。何年かあとに、そのときの状況を振り返るとき、「あのとき、あの事件がなかったら、じつはいまの幸せはなかった」と感じたりするものです。

先日聞いた話ですが、ある人が自転車でふだん行かない道を通ったら、車にはねられてしまったそうです。入院することになって、「なんて自分はツイてないんだ、なんて運が悪いんだろう」と思ったそうです。

でも、その後、彼は、隣の病室にいた女性と知り合って結婚することになりました。一時は、「なんで自分が事故に遭《あ》うわけ？」と不運を嘆《なげ》いたかもしれませんが、パートナーと出会うためには必要な過程だったんですね。

「彼女には会いたいけど、事故には遭いたくない」というように、人生はできなかったわけです。痛い思いは、幸せな結婚のために通らなければいけない過程だったのです。

とはいえ、問題の渦中《かちゅう》にいるときにはわからないかもしれません。「これが何かいいことの予兆なんて、とても考えられない」と思うでしょう。

人生というのは、ある程度たってみないとわからないことが結構あります。目の前の状況に惑わされることなく、大きな視点で人生を見るということもやってみましょう。きっと、違うものが見えてきます。

不思議ですが、人生は、よくなるようにできているのです。

16

プラスとマイナスを統合する

あなたの人生を振り返って、最悪だったことはどんなことでしょうか？　そのことがきっかけで、プラスに転じたことは何かありますか？

苦しいときは、「これも何かの意味がある。きっと、自分の幸せにつながる」と考えてみましょう。

いま起きていることが、将来のプラスになるシナリオを、少なくとも10通りぐらいは考えてみるのです。そうすると、状況はまったく変わらなくても、マイナスでしかないと思っていたことの違った面が見えてきます。

「どうしてこうなってしまったんだろう？」とばかり考えると、どんどんマイナスのほうに意識がいってしまいます。いまはわからないけれども、自分の幸せにとって、「これが後々とても大事なんだろうな」くらいの感覚で、淡々とやり過ごしてみましょう。

逆に、あなたがポジティブに偏っている場合もあるかもしれません。特に人生がすべてうまくいっているとき、過剰な躍動感《やくどう》を感じるとき、あなたは、ポジティブに偏っている可能性があります。

そうすると、まわりがネガティブになったり、病気がちになったり、引きこもりになっていたりするでしょう。部下や家族、子どもにエネルギーがあまりないように感じる場合、あなたが彼らのぶんまでエネルギーを使っているかもしれないということを頭の片隅に置いておきましょう。

私が以前見たケースで、お母さんが異常にテンションが高く、お子さんが引きこもっているというのがありました。お母さんが、その事実に気づき、落ち込んだところ、すぐにお子さんは元気に学校に行くようになったのです。

人生にあるポジティブとネガティブのバランスをよく見ておきましょう。

16 楽しいことと正しいこと

あなたが、これからの人生を生きるとき、絶えず、「〜するべき」と、「楽しいこと」の板挟みになると思います。そのとき、「私は〜するべきだ」と考えて、それを選択すると、どんどん苦しくなっていきます。

幸せな人生を送りたいなら、どんなときも「楽しいこと」を選択してください。なぜなら、あなたの人生で大切なカギがそこにあるからです。あなたが楽しくないことをしていたら、まわりも楽しくなくなります。

あなたには、自分を楽しくさせる責任しかないのです。

40代は、いろんな体験を経て、ようやく自分のために生きる準備ができています。ここから、最高の人生をつくりあげてください。

17

人生の意味を見出す

17

自分が生まれたことを祝福できるか

人生の意味を見出した人は、心の平安を手に入れることができます。

逆に、生きがいが感じられず、夢を実現できなかったら、世界中の富を積まれても、賞をたくさんもらっても、心からの満足はないでしょう。

大金持ちとかスポーツ選手とか芸能人で、まわりから大成功していると見なされた人が自殺してしまうのは、そういうことからです。

社会的に成功しなくても、自分が自分であることに対して平安である人は、それだけで幸せです。自分がいまいる場所に満足できるからです。

人の幸せは、自分をそのままで受け入れられるかで決まります。

自分が生まれたことを祝福できるのか、「生まれてしまって、ごめんなさい」

と思っているのかで、人生はまったく違うものになります。

自分はこの世界を祝福するために生まれてきたと感じている人は、喜びの中に生きることができます。


私も、40代に入って、ようやく、いまの自分が好きになってきました。以前は、自分のことが嫌いで、早く死んでしまいたいと思ったこともありました。

いまは、少しナルシスト的に聞こえるかもしれませんが、自分のことを「いいな」と思えるようになりました。自分のできるところ、できないところをすべて受け入れられるようになると、自分を好きになれるのではないでしょうか。

才能を使って、縁のある人たちを喜ばせて、すばらしい思い出を一つひとつかみしめながら、笑顔で旅立っていく人生の達人がいます。一方で、「生まれてしまって、ごめんなさい」という感じで、いろんな人に迷惑をかけつづける人もいます。

どちらも人生です。それはあなたが選択できます。

17

自分の中にわき起こる感情に気づく

あなたは、日常的に、どれだけ感情とうまく向き合っていますか？

普通に生活していると、いろんな感情が出てくるものです。喜び、悲しみ、怒りなど、日常的に、どんどん感情はわいてきます。感情は、あなたの人生をコントロールするぐらいパワーをもっていますが、感情に注意を向けている人はそんなにいません。

人生を台無しにする人は、思考ではなく、感情のコントロールができなくなって、突発的な事件を起こしています。酔っ払って誰かを殴ったり、ものを盗んだり、人の家に入り込んだり、横領《おうりょう》したり、そういった新聞をにぎわす事件の多くは、感情の暴発が原因です。

自分の中から出てくる感情をどうにもできなくなって、自分も、まわりもびっくりするようなことをしたりするのです。感情のことを理解していないと、思わぬところで、足をすくわれます。

たとえば、怒りは、あなた特有のルールを尊重されていないと感じたときに出る感情です。「こうあるべきだ」というのを踏みにじられ、ルールと違うことをされた、尊厳を犯されたと感じたときに、人は怒りを感じます。

たいていの場合、自分が理解されていない、感謝されていない、尊重されていないと思うから、人は怒るのです。

ときどき、老人がキレて犯罪に走るニュースを目にしたりしますが、自分は尊重されていないという気持ちがあるからでしょう。

怒りの下には、たいてい悲しみがあります。

自分は、この世界に受け入れられてないんじゃないか、家族に受け入れられてないんじゃないか、会社に、国に受け入れられてないんじゃないか——という悲しみが、怒りに変わるのです。

わきあがってくる感情を冷静に見て、それは国とか、パートナーとか、家族とか、会社はまったく関係がないことに気づくことは大事です。その悲しみや怒りが出たのは、「自分が自分を受け入れてなかっただけだ」ということに気がつくことが、心の平安へのスタートなのです。


感情といえば、40代になって、急に涙もろくなったと感じる人も多いのではないでしょうか。友人が、テレビで小さな子どもが亡くなったというニュースを見て、涙が止まらなかったと言っていました。

冷静に見ると、この世界は悲しみでいっぱいです。戦争、飢餓《きが》、災害などで、傷ついたり、苦しんだりしている人が何百万人もいます。

人が幸せに生きるのは、難しい世の中です。だからこそ、お互いの優しさが大切なのです。感情は、自分の痛みの存在を教えてくれます。その痛みを癒しながら、上手に生きましょう。

17

新たな人生への道

人生の意味を自分なりに見出した人は、まったく違った人生を生きます。

これまでの四十何年間は、いまからやることのための準備だったのだとはっきり理解できたとき、内側からインスピレーションがわきあがってきます。

自分のために楽しく生きることが、そのまま人のためにもなるような生き方になります。そういう人は、ワクワクして好き勝手やっているときのほうが、人のために貢献《こうけん》できるのです。

たとえば、あるサラリーマンが、ずっと家族は安定した生活を願っていたけれど、「どうしても医者になりたい」と会社を辞めてしまったそうです。それから大学に入り直して、見事50代からお医者さんになって活躍しています。

サラリーマンを続けるよりも、本当になりたかったお医者さんになったほうが、本人も充実した仕事ができるし、まわりによい影響を与えていると思います。

40代なら、まだまだ新しいことをやる若さも残っています。これまでとは違った新しい人生へと踏み出すこともできるのです。

あなたの中に、込みあげてくるようなインスピレーションはありませんか？

そのインスピレーションは、あなたの人生に何をやれと語っているのでしょう。

ひょっとしたら、そういう直感は、あなたの本当のライフワークの方向性を示しているのかもしれません。

自分の内側からわいてくるインスピレーションを信じて、行動していくことです。一瞬でもインスピレーションベースの人生を生きはじめると、そこから人生は変わっていきます。

おわりに

人生の目的は、ただ楽しむこと

最後まで読んでくださって、ありがとうございました。自分自身が40代という、このタイミングで、この本を書けたことを感謝しています。

みなさんと一緒に、現在進行形のかたちで、40代にしておきたいことを考えることができました。私自身ができていること、これからやっていきたいことが明確になったような気がしています。

これまでの人生を振り返ってみると、うまくいったことも、うまくいかなかったこともあったでしょう。いまの生活でもたぶん、うまくいっていることと、うまくいっていないことが半々ぐらいかもしれません。人によってはうまくいっていないことのほうが多いと感じているかもしれませんね。

いまの時代は、それほどに厳しい時代なのだと思います。

でも、うまくいっていないことの中に幸せを見出す技術さえ身につければ、幸せになることはできます。

それと同時に、うまくいっていることの中にも、うまくいかない種が眠っているかもしれません。それをどちらも見られるようになって初めて、どんな状況でも幸せを見出すことができるようになります。

どんな状況の中でも幸せと豊かさを見出す——40代は、そういう訓練のスタートでもあります。

後半の人生をずっと幸せで生きられるかどうかは、今日からの生き方にかかっています。自分の実力、個性を知り、すべてを受け入れることです。まわりを受け入れ、過去を受け入れ、未来も受け入れて、そして現在を楽しむ。それができたら、人生に幸せと平安を見出すことができます。

２０１１年４月

本田　健

本田 健（ほんだ・けん）

神戸生まれ。経営コンサルティング会社、ベンチャーキャピタル会社など、複数の会社を経営する「お金の専門家」。独自の経営アドバイスで、いままでに多くのベンチャービジネスの成功者を育ててきた。育児セミリタイア中に書いた小冊子「幸せな小金持ちへの8つのステップ」は、世界中130万人を超える人々に読まれている。『ユダヤ人大富豪の教え』をはじめとする著書はすべてベストセラーで、その部数は累計で400万部を突破し、世界中の言語に翻訳されつつある。

本田健公式サイト
http://www.aiueoffice.com/

だいわ文庫

40代《だい》にしておきたい17のこと

著者　本田《ほんだ》 健《けん》

二〇一一年四月一五日第一刷発行

発行者　佐藤 靖
発行所　大和《だいわ》書房
東京都文京区関口一－三三－四 〒一一二－〇〇一四
電話 〇三－三二〇三－四五一一
振替 〇〇一六〇－九－六四二二七
装幀者　鈴木成一デザイン室
本文デザイン　椿屋事務所
編集協力　ウーマンウエーブ
本文印刷　シナノ
カバー印刷　山一印刷
製本　ナショナル製本

ISBN978-4-479-30334-3
乱丁本・落丁本はお取り替えいたします。
http://www.daiwashobo.co.jp